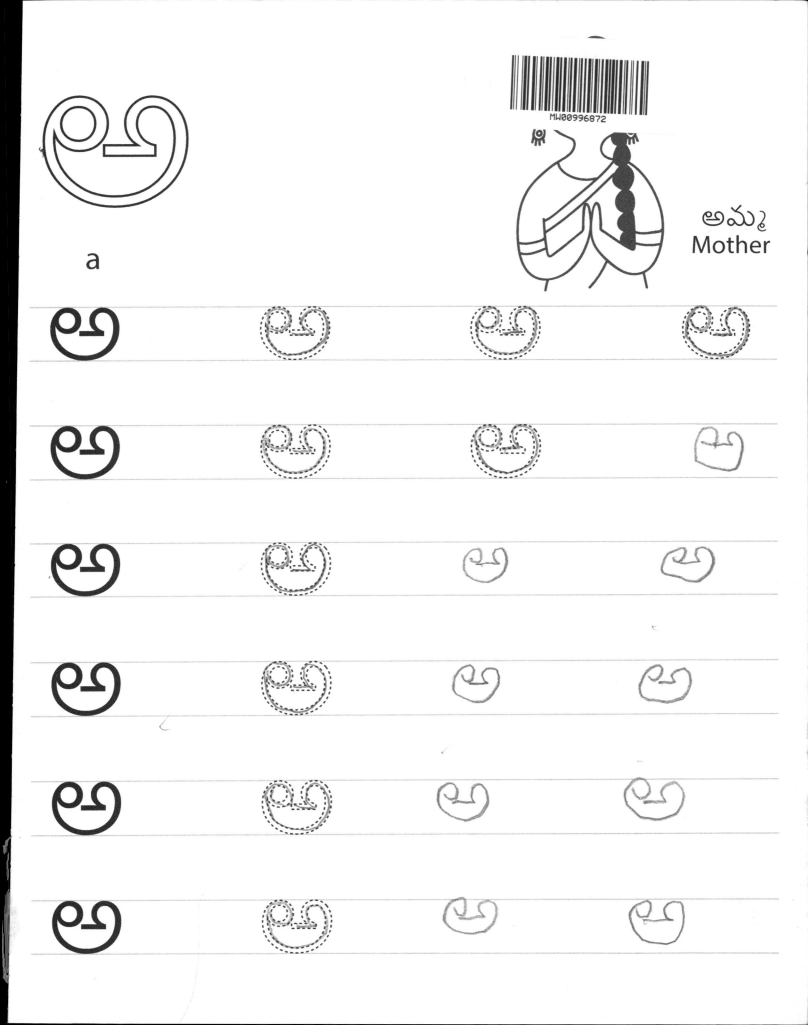

అ

a

అమ్మ
Mother

అ అ అ అ

అ అ అ

అ అ

అ అ

అ అ

అ అ

అ

అ

అ

అ

అ

అ

అ

అ

ఇ

i

ఇల్లు
House

ఇ ఇ ఇ ఇ

ఇ ఇ ఇ

ఇ ఇ

ఇ ఇ

ఇ ఇ

ఇ ఇ

ੳ

ੳ

ੳ

ੳ

ੳ

ੳ

ੳ

ੳ

ఉ

u

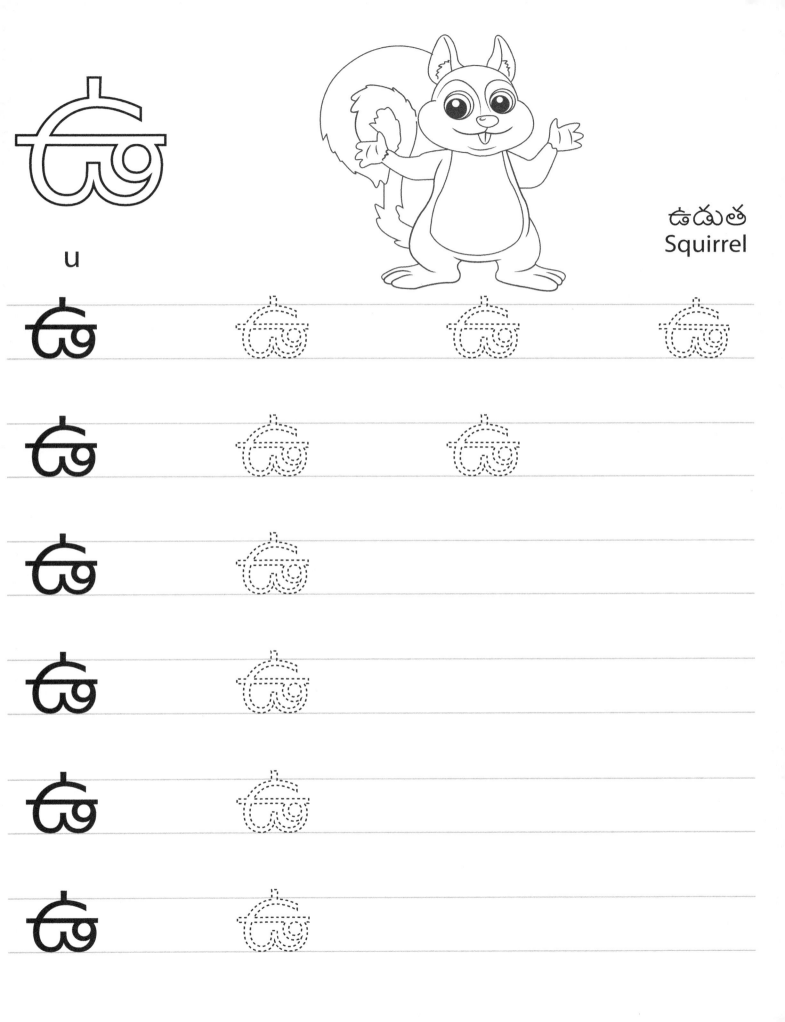

ఉడుత
Squirrel

ఉ ఉ ఉ ఉ

ఉ ఉ ఉ

ఉ ఉ

ఉ ఉ

ఉ ఉ

ఉ ఉ

ஞ

ஞ

ஞ

ஞ

ஞ

ஞ

ஞ

ஞ

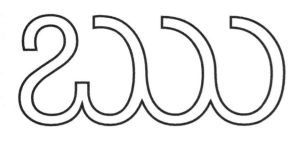

ಋ

Ru

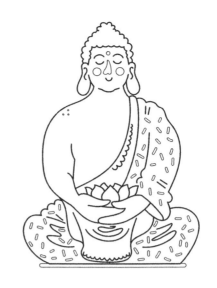

ಋಷಿ
Sage

ಋ ಋ ಋ ಋ

ಋ ಋ ಋ

ಋ ಋ

ಋ ಋ

ಋ ಋ

ಋ ಋ

ಬು

ಬು

ಬು

ಬು

ಬು

ಬು

ಬು

ಬು

ఎ

e

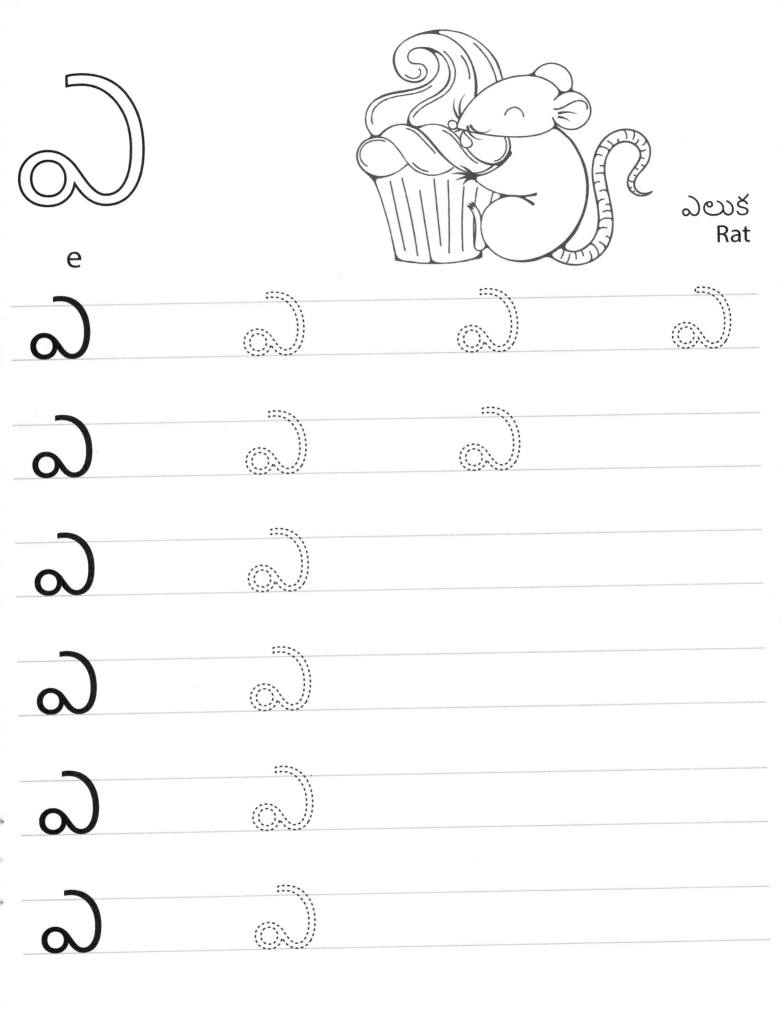

ఎలుక
Rat

ఎ ఎ ఎ ఎ

ఎ ఎ ఎ

ఎ ఎ

ఎ ఎ

ఎ ఎ

ఎ ఎ

ລ

ລ

ລ

ລ

ລ

ລ

ລ

ລ

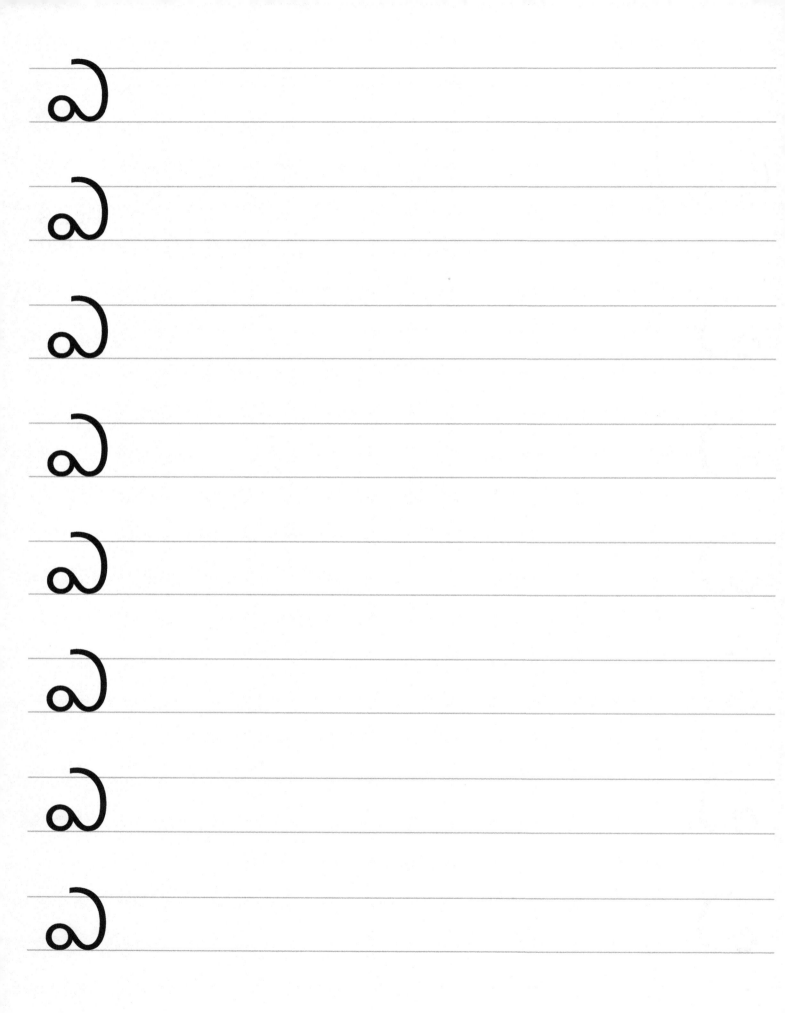

ఐ

ai

5

ఐదు
Five

ఐ ఐ ఐ ఐ

ఐ ఐ ఐ

ఐ ఐ

ఐ ఐ

ఐ ఐ

ఐ ఐ

ಐ

ಐ

ಐ

ಐ

ಐ

ಐ

ಐ

ಐ

ఒ

o

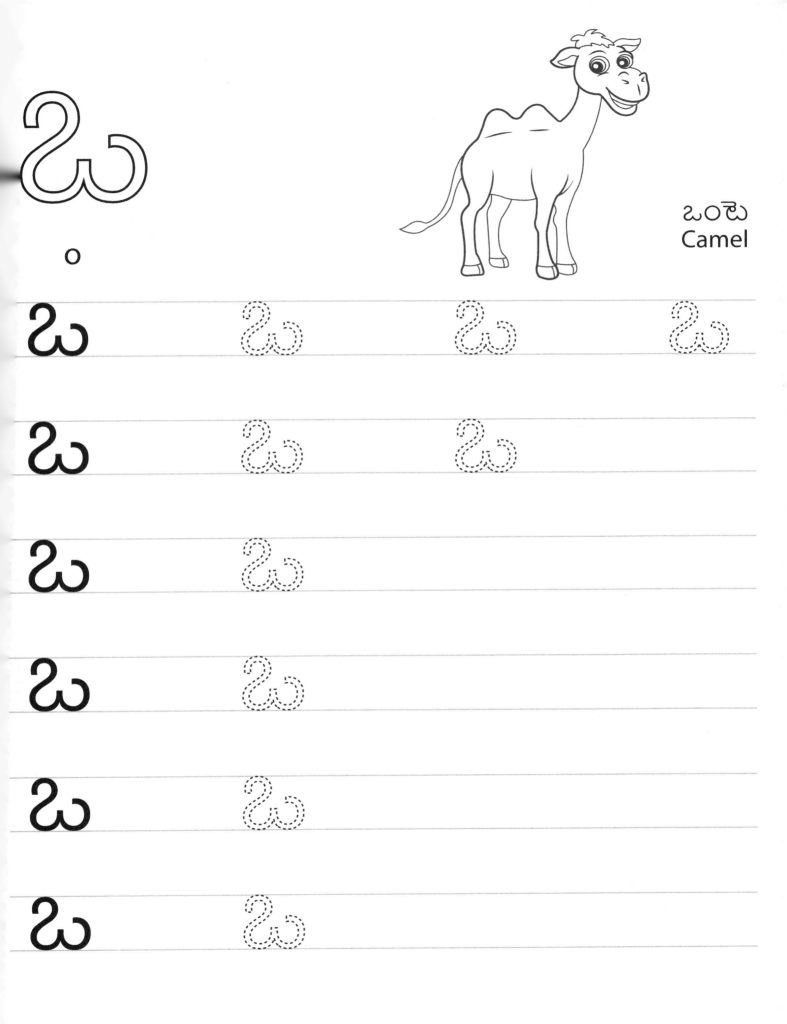

ఒంటె
Camel

ఒ ఒ ఒ ఒ

ఒ ఒ ఒ

ఒ ఒ

ఒ ఒ

ఒ ఒ

ఒ ఒ

ఒ

ఒ

ఒ

ఒ

ఒ

ఒ

ఒ

ఒ

ఓ

Oa

ఓడ
Ship

ఓ   ఓ   ఓ   ఓ

ఓ   ఓ   ఓ

ఓ   ఓ

ఓ   ఓ

ఓ   ఓ

ఓ   ఓ

ಒ

ಒ

ಒ

ಒ

ಒ

ಒ

ಒ

ಒ

ఔ

ఔషదము
Medicine

au

ఔ ఔ ఔ ఔ

ఔ ఔ ఔ

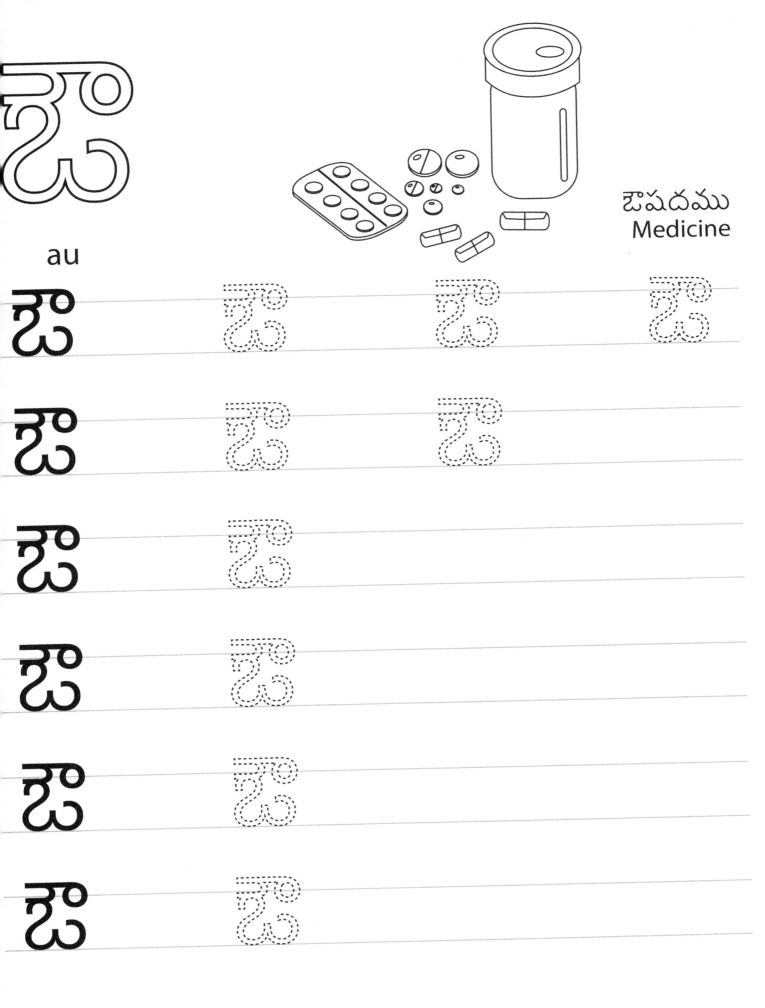

ఔ ఔ

ఔ ఔ

ఔ ఔ

ఔ ఔ

ఔ

ఔ

ఔ

ఔ

ఔ

ఔ

ఔ

ఔ

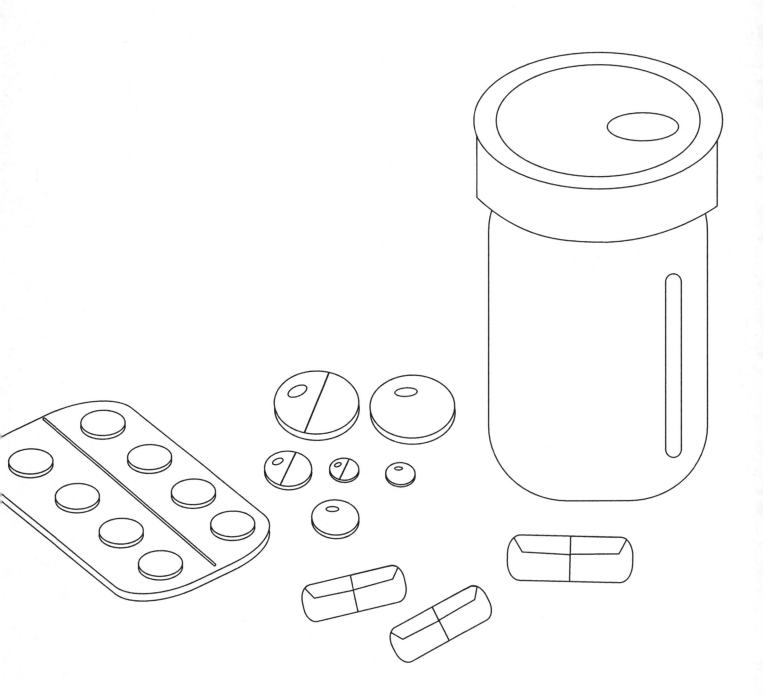

అం

am

అంకె
Digit

అం అం అం అం

అం అం అం

అం అం

అం అం

అం అం

అం అం

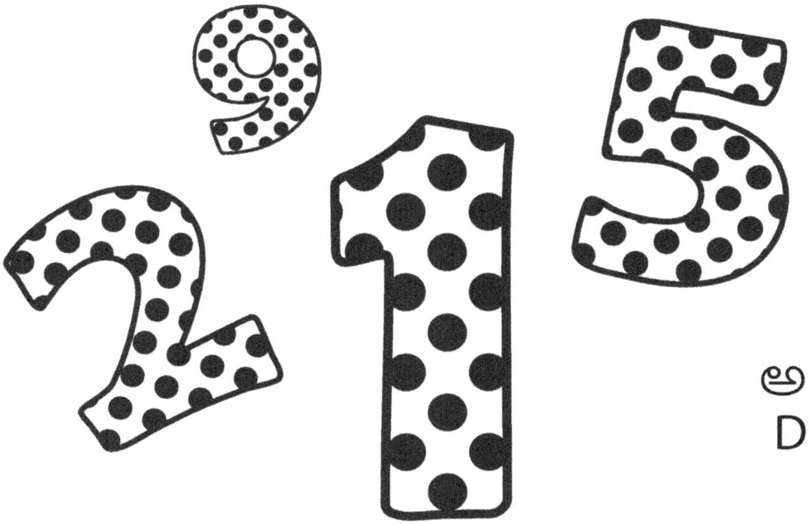

అం

అం

అం

అం

అం

అం

అం

అం

9
4
1
2
5

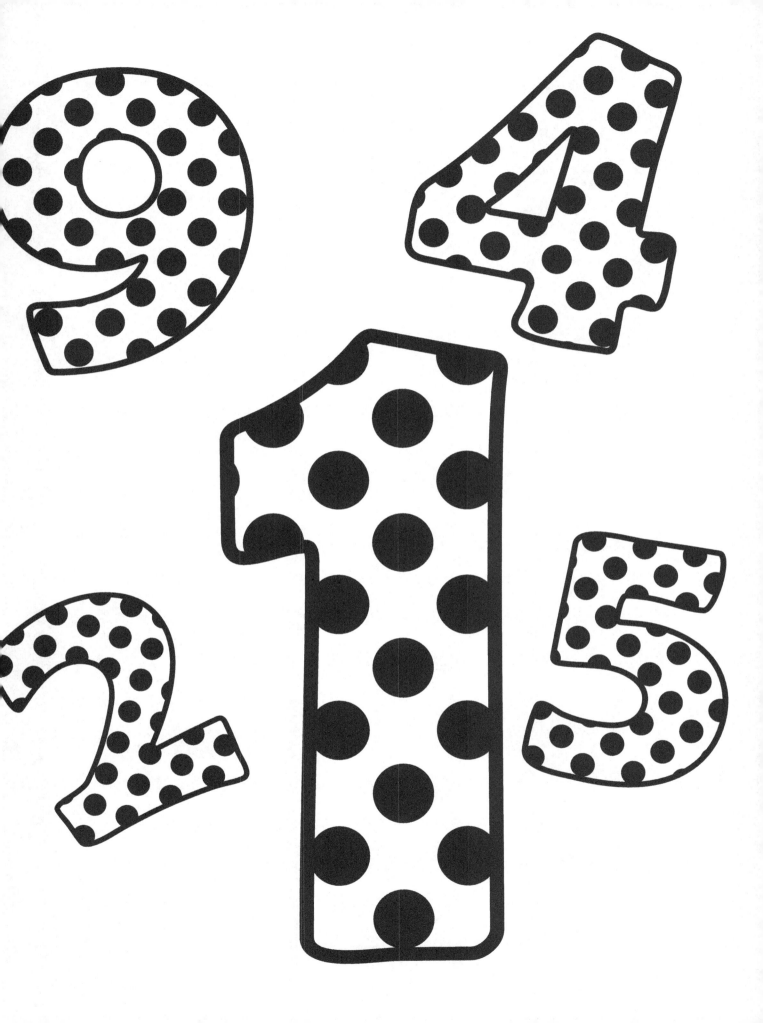

ah

ဥဒ္ဓိ

ဥဒ္ဓိ

ဥဒ္ဓိ

ဥဒ္ဓိ

ဥဒ္ဓိ

ဥဒ္ဓိ

ဥဒ္ဓိ

ဥဒ္ဓိ

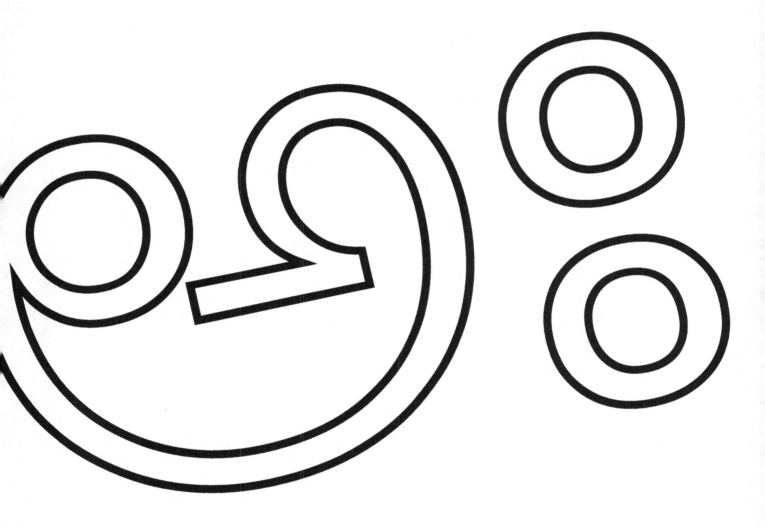

క

ka

కమలము
Lotus

క క క క

క క క

క క

క క

క క

క క

Š

Š

Š

Š

Š

Š

Š

Š

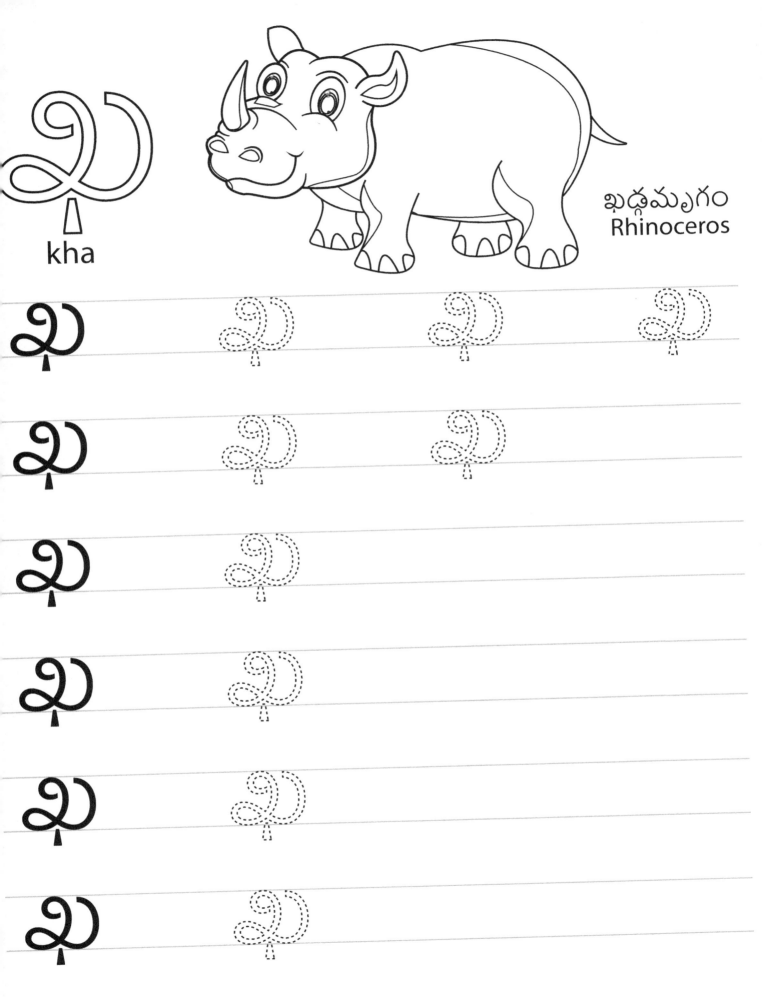

ఖ

kha

ఖడ్గమృగం
Rhinoceros

ఖ ఖ ఖ ఖ

ఖ ఖ ఖ

ఖ ఖ

ఖ ఖ

ఖ ఖ

ఖ ఖ

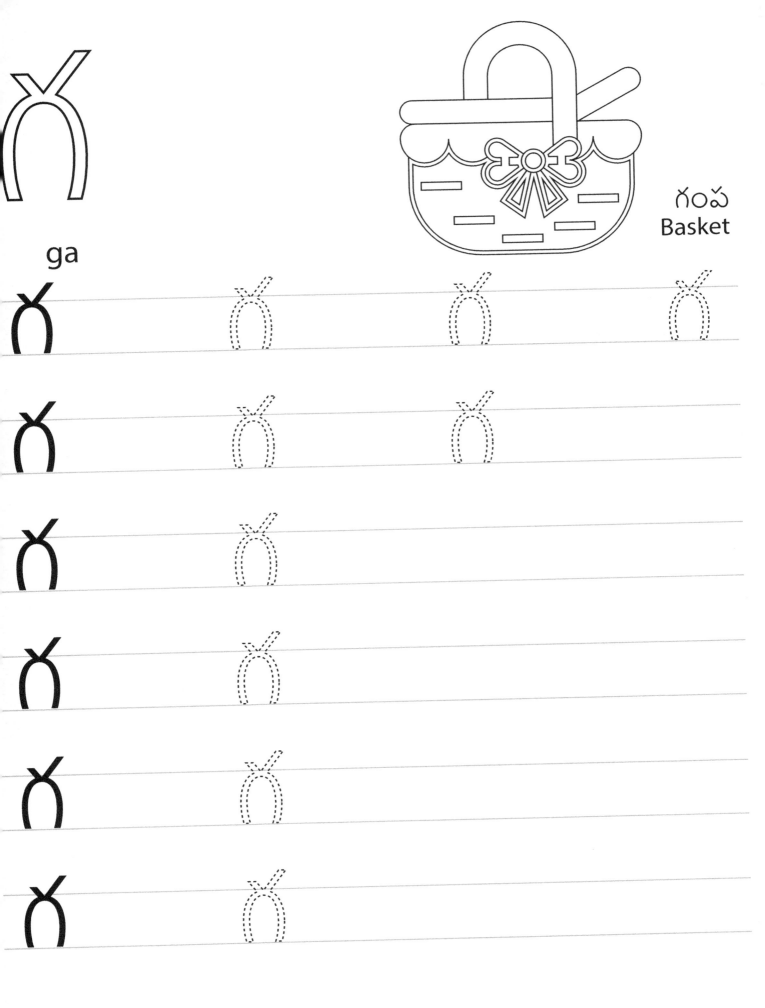

గ

ga

గంప
Basket

గ గ గ గ

గ గ గ

గ గ

గ గ

గ గ

గ గ

ఘ

gha

మేఘము
Cloud

ఘ ఘ ఘ ఘ

ఘ ఘ ఘ

ఘ ఘ

ఘ ఘ

ఘ ఘ

ఘ ఘ

ఘ

ఘ

ఘ

ఘ

ఘ

ఘ

ఘ

ఘ

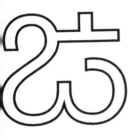

ఞ

Gna

ఞ ఞ ఞ ఞ

ఞ ఞ ఞ

ఞ ఞ

ఞ ఞ

ఞ ఞ

ఞ ఞ

ಜ

ಜ

ಜ

ಜ

ಜ

ಜ

ಜ

ಜ

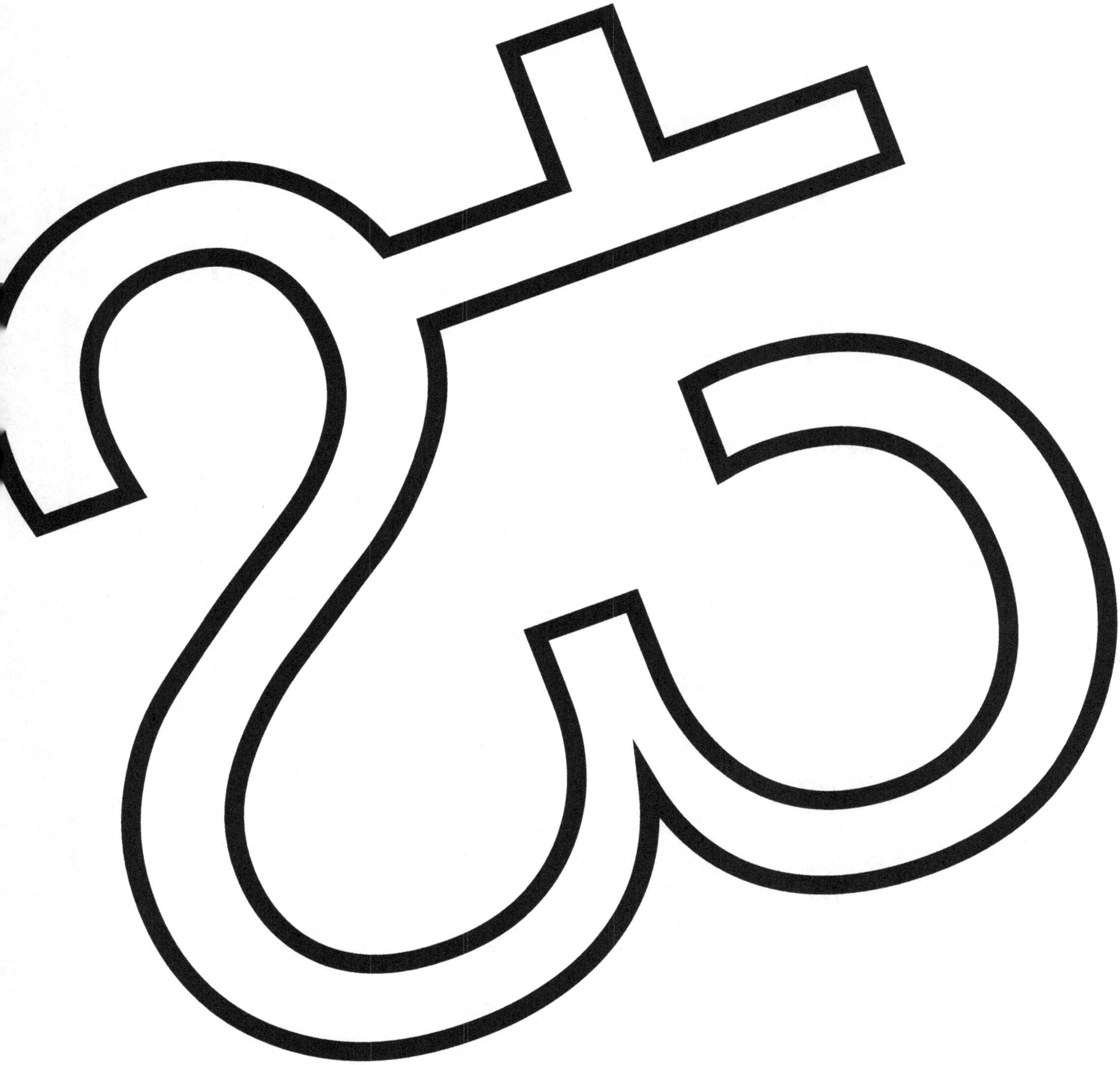
お

చ

cha

చక్రము
Wheel

చ చ చ చ

చ చ చ

చ చ

చ చ

చ చ

చ చ

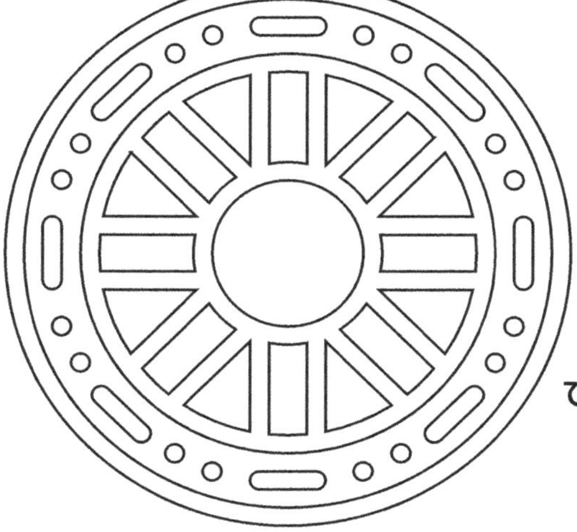

చ

చ

చ

చ

చ

చ

చ

చ

ఛ

Cha

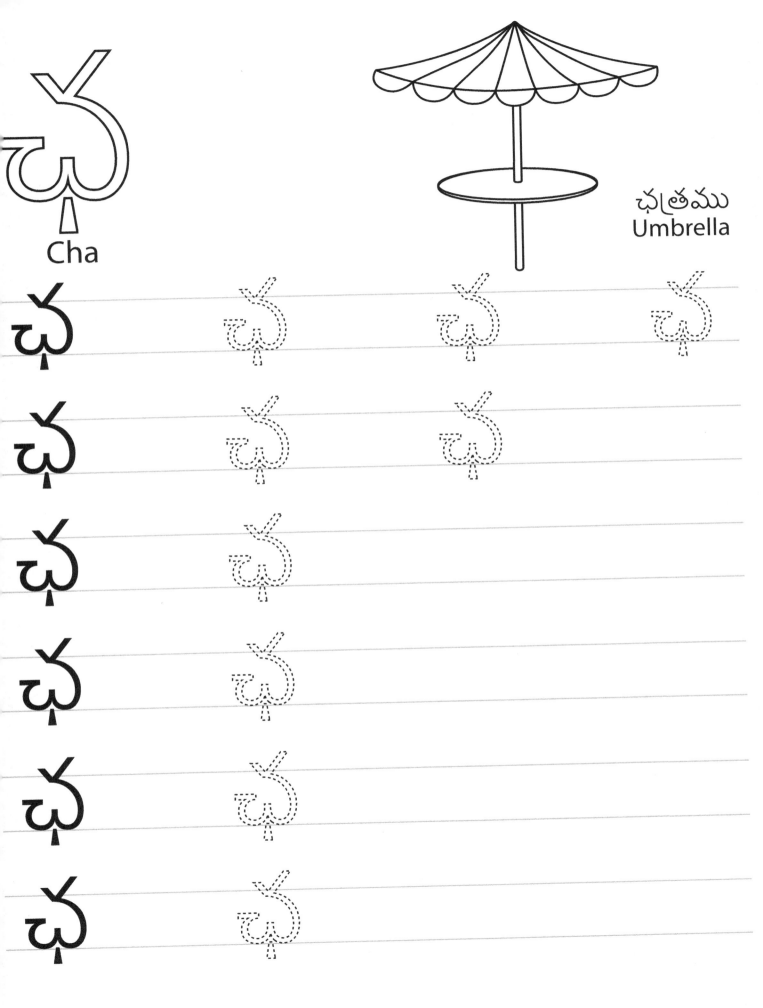

ఛత్రము
Umbrella

ఛ ఛ ఛ ఛ

ఛ ఛ ఛ

ఛ ఛ

ఛ ఛ

ఛ ఛ

ఛ ఛ

ఛ

ఛ

ఛ

ఛ

ఛ

ఛ

ఛ

ఛ

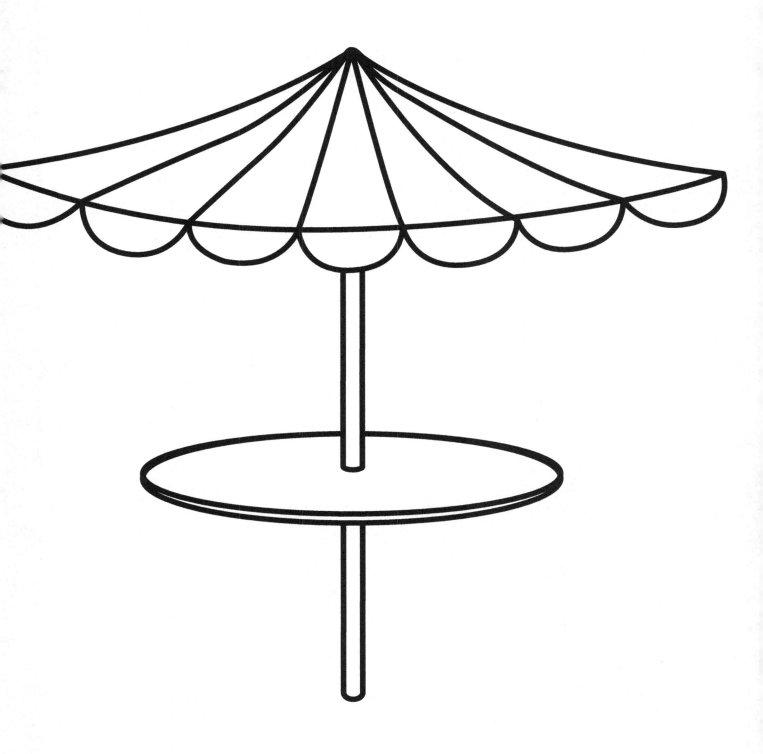

జ

ja

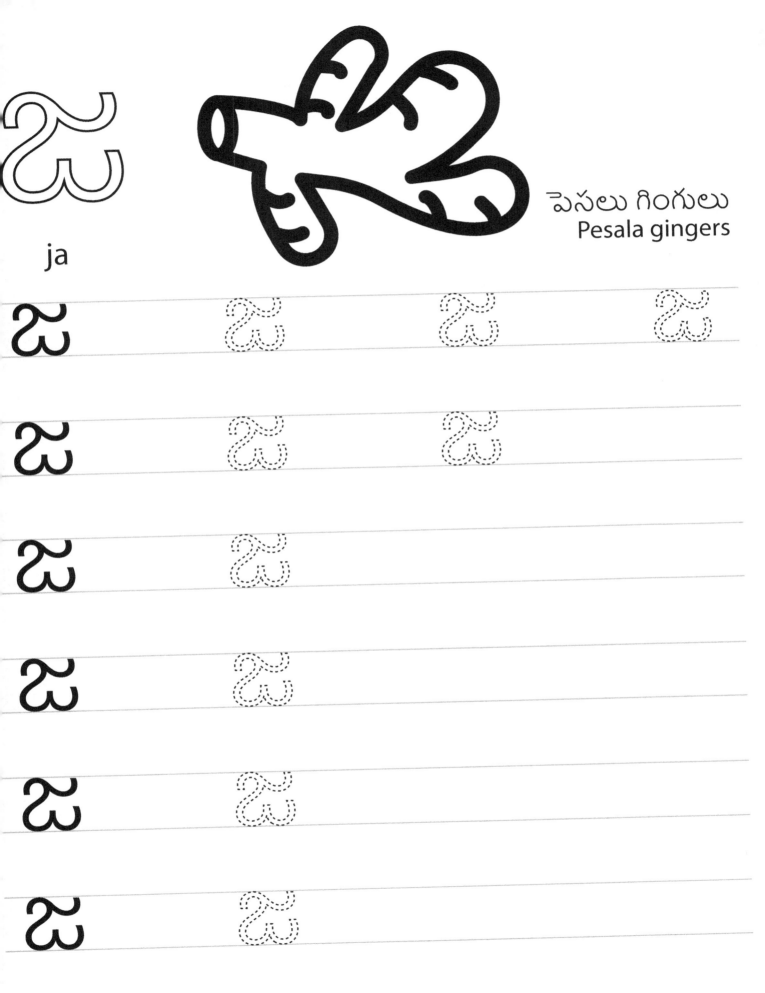

పెసలు గింగులు
Pesala gingers

జ జ జ జ

జ జ జ

జ జ

జ జ

జ జ

జ జ

ಜ

ಜ

ಜ

ಜ

ಜ

ಜ

ಜ

ಜ

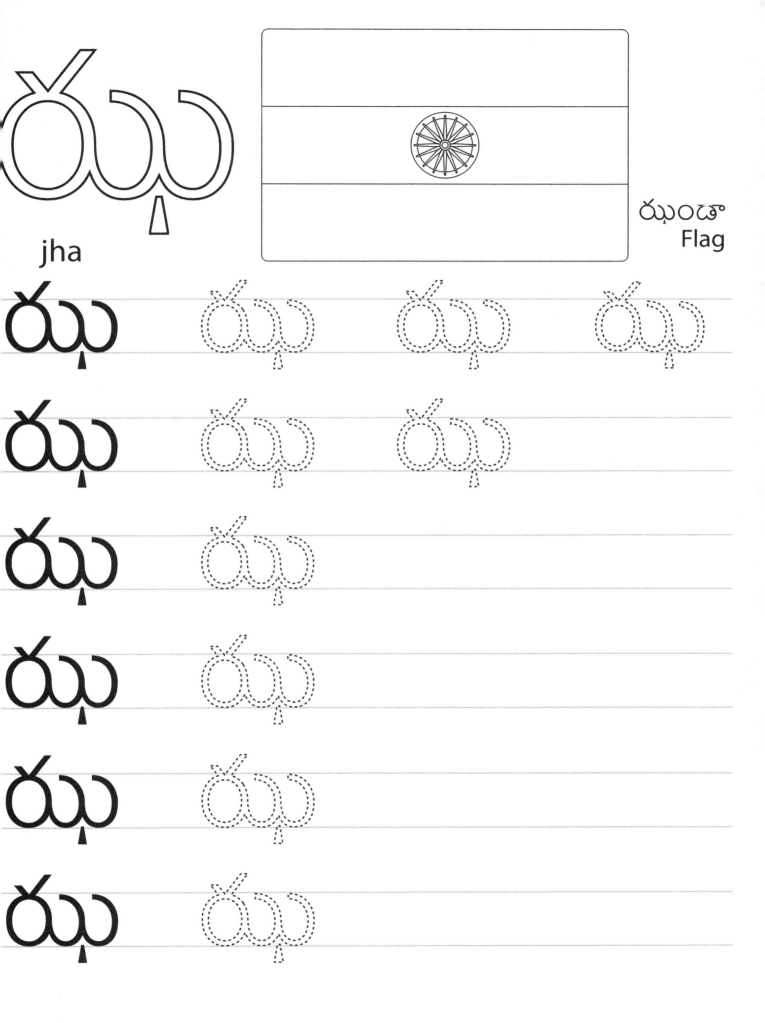

ఝ

jha

ఝండా
Flag

ఝ ఝ ఝ ఝ

ఝ ఝ ఝ

ఝ ఝ

ఝ ఝ

ఝ ఝ

ఝ ఝ

ఱు

ఱు

ఱు

ఱు

ఱు

ఱు

ఱు

ఱు

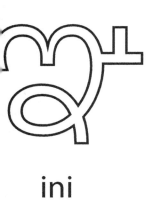

ಞ

ini

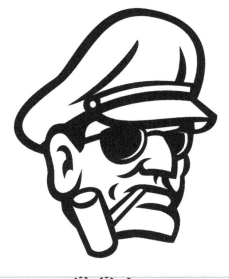

ಆಜ್ಞೆ
Command

ಞ ಞ ಞ ಞ

ಞ ಞ ಞ

ಞ ಞ

ಞ ಞ

ಞ ಞ

ಞ ಞ

ଊ

ଊ

ଊ

ଊ

ଊ

ଊ

ଊ

ଊ

ట

ta

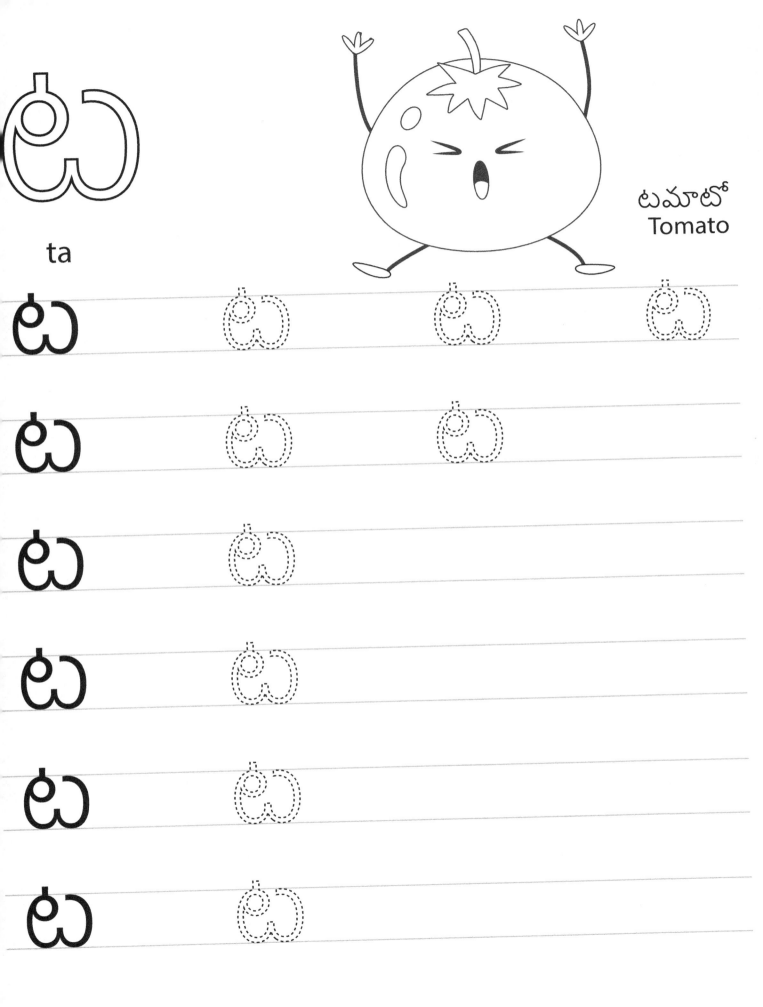

టమాటో
Tomato

ట ట ట ట

ట ట ట

ట ట

ట ట

ట ట

ట ట

ట

ట

ట

ట

ట

ట

ట

ట

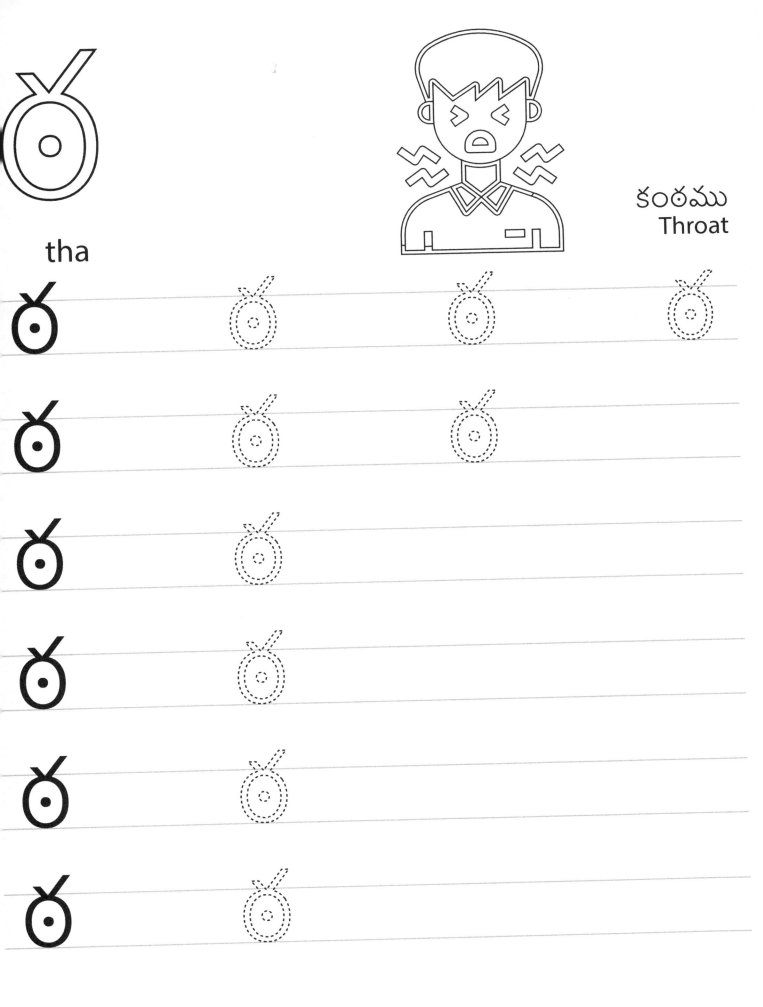

ఠ

tha

కంఠము
Throat

ఠ ఠ ఠ ఠ

ఠ ఠ ఠ

ఠ ఠ

ఠ ఠ

ఠ ఠ

ఠ ఠ

ʘ̌

ʘ̌

ʘ̌

ʘ̌

ʘ̌

ʘ̌

ʘ̌

ʘ̌

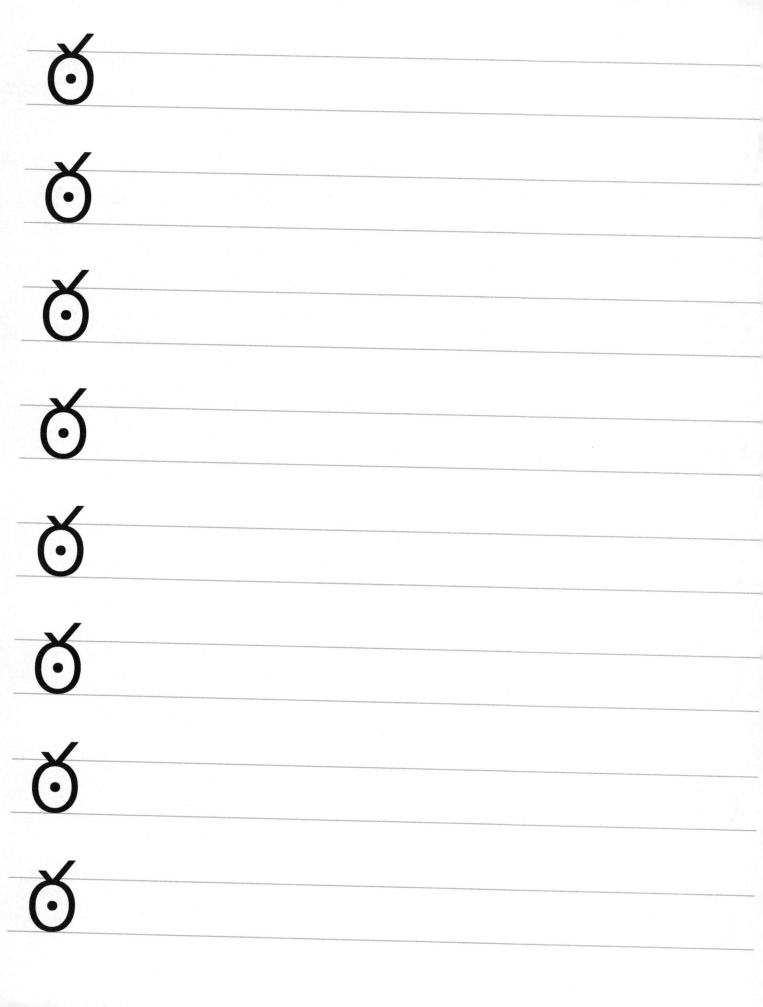

డ

da

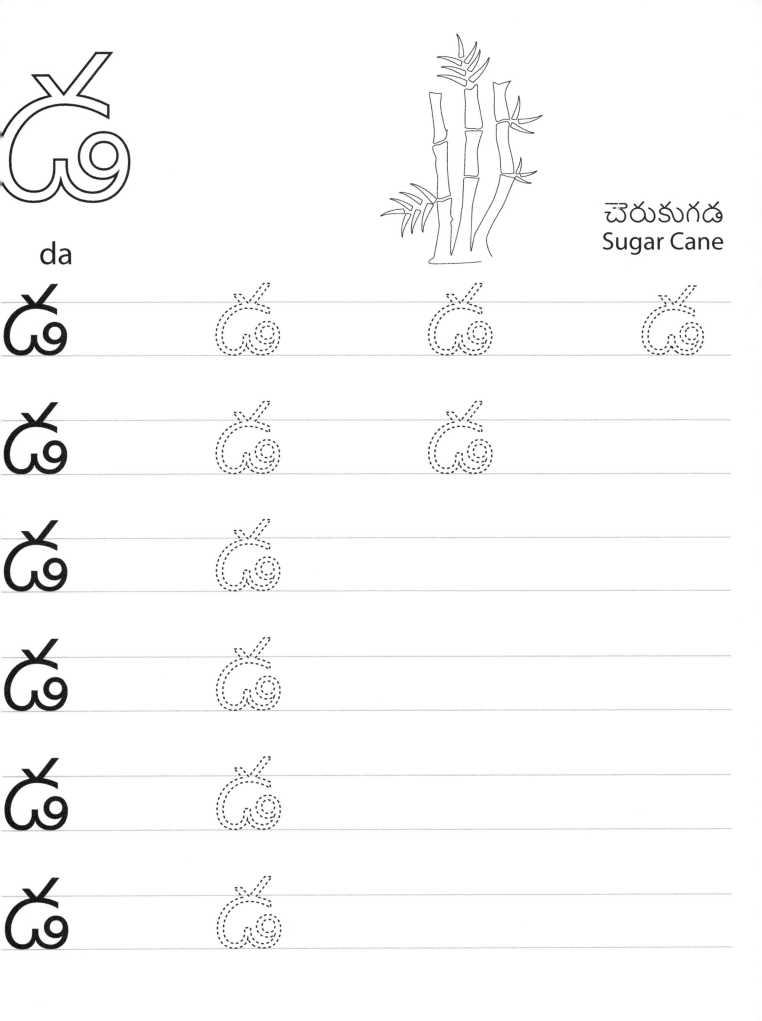

చెరుకుగడ
Sugar Cane

డ డ డ డ

డ డ డ

డ డ

డ డ

డ డ

డ డ

ఙ

ఙ

ఙ

ఙ

ఙ

ఙ

ఙ

ఙ

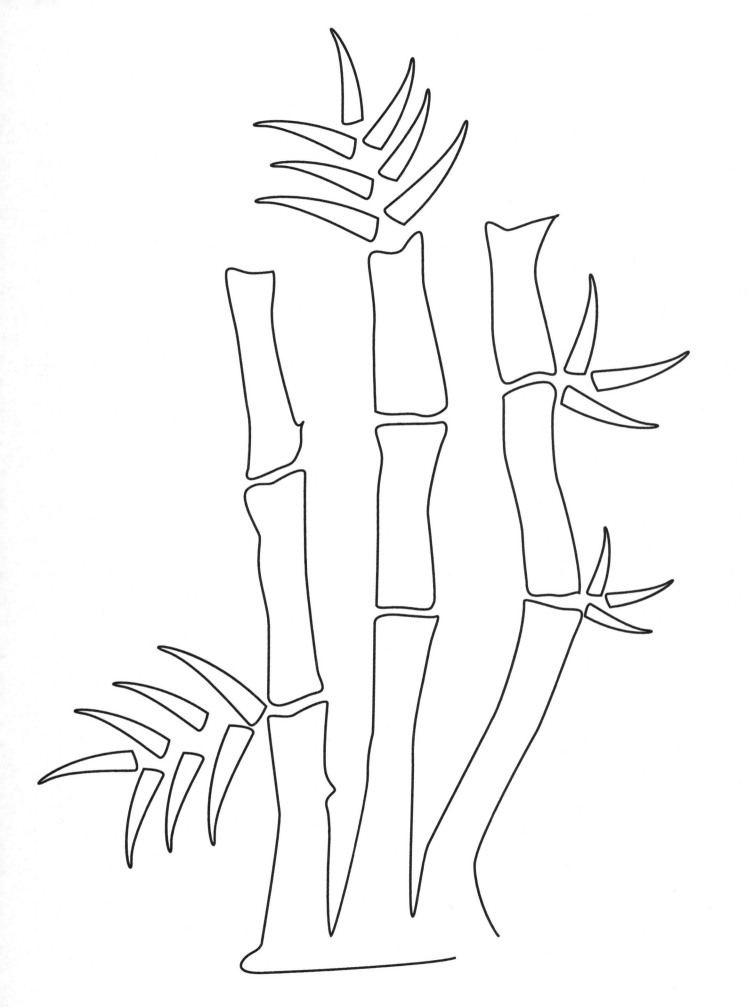

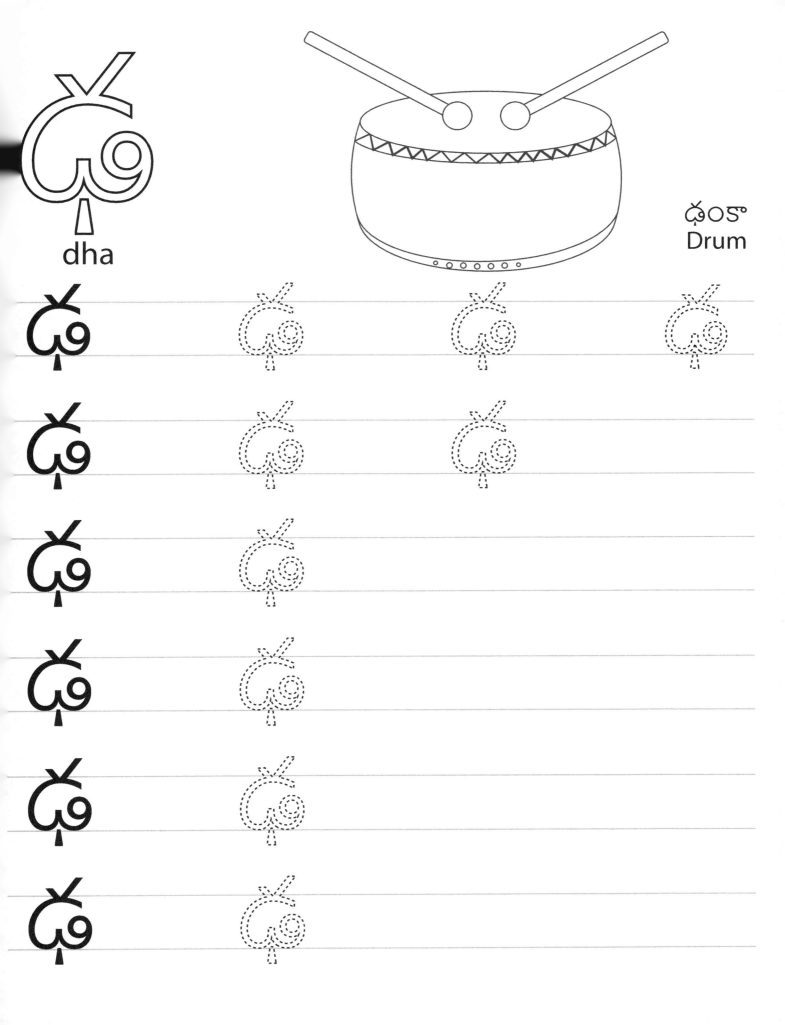

ఢ

dha

ఢంకా
Drum

ఢ ఢ ఢ ఢ

ఢ ఢ ఢ

ఢ ఢ

ఢ ఢ

ఢ ఢ

ఢ ఢ

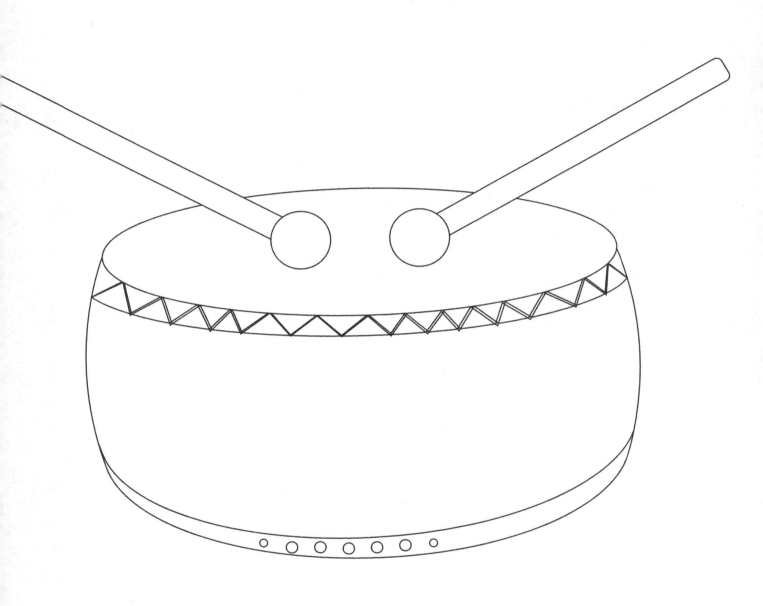

ణ

na

వీణ
Veena

ణ ణ ణ ణ

ణ ణ ణ

ణ ణ

ణ ణ

ణ ణ

ణ ణ

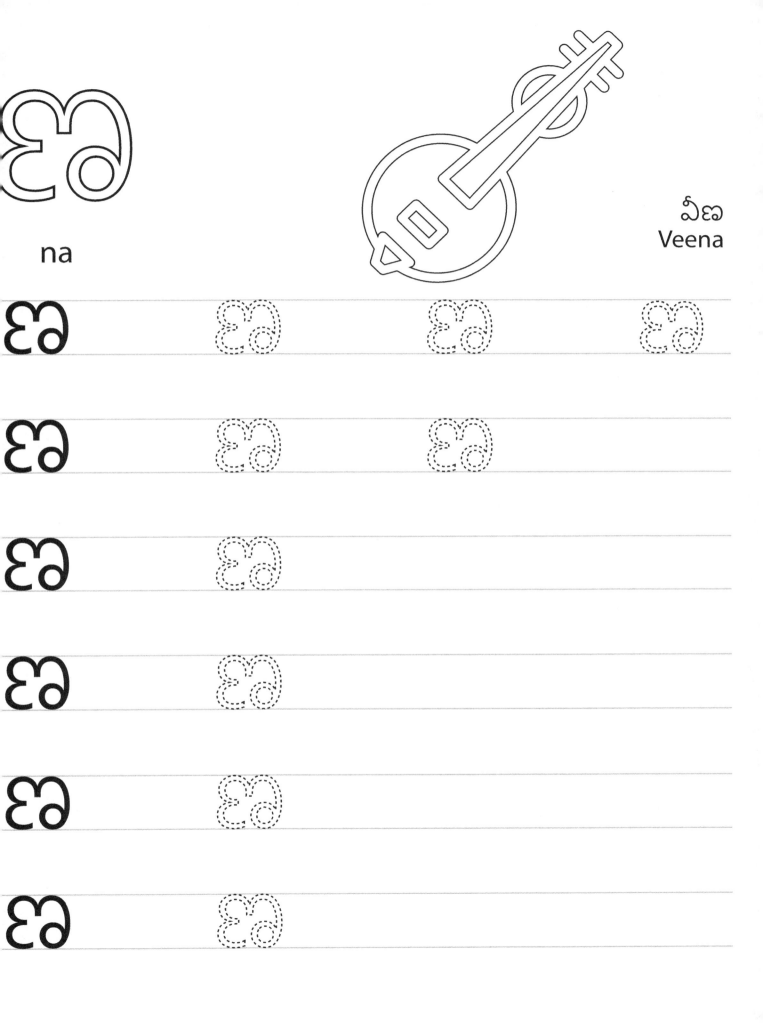

ဆ

ဆ

ဆ

ဆ

ဆ

ဆ

ဆ

ဆ

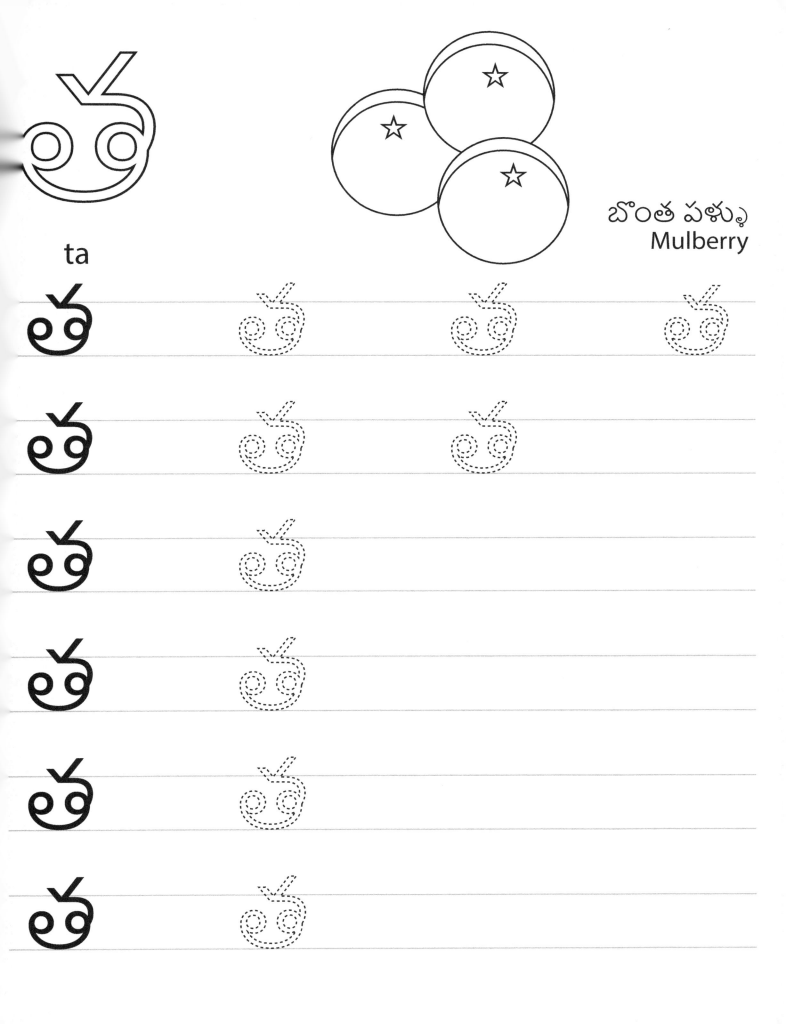

త

ta

బొంత పళ్ళు
Mulberry

త త త త

త త త

త త

త త

త త

త త

థ

tha

రథము
Chariot

థ థ థ థ

థ థ థ

థ థ

థ థ

థ థ

థ థ

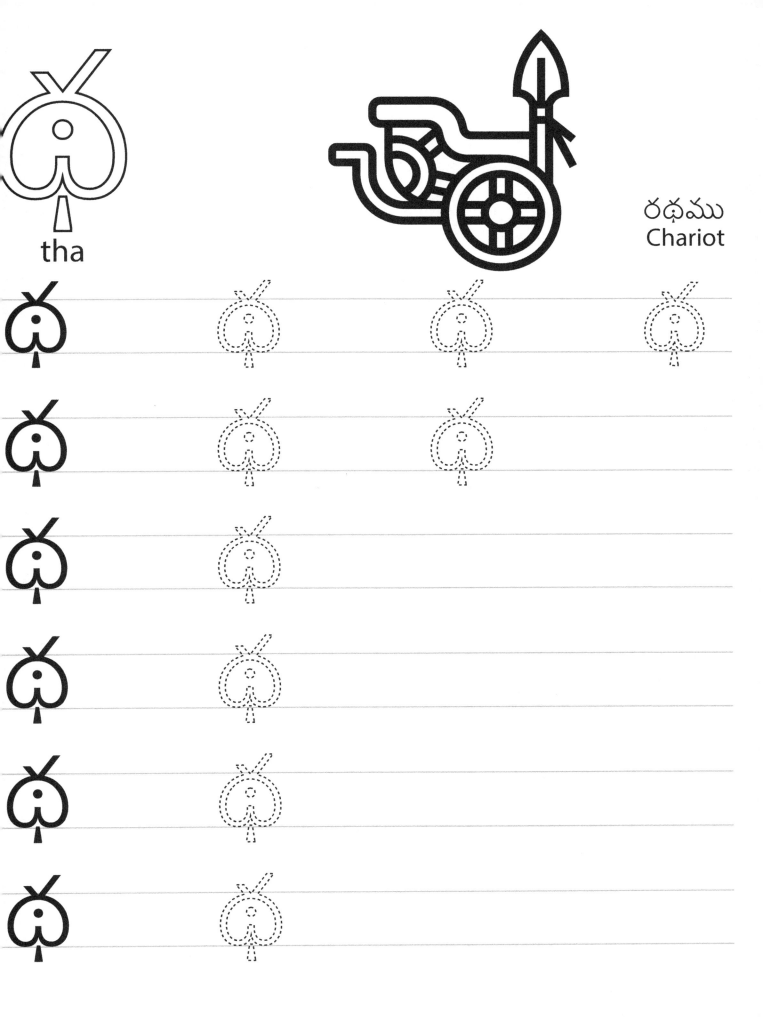

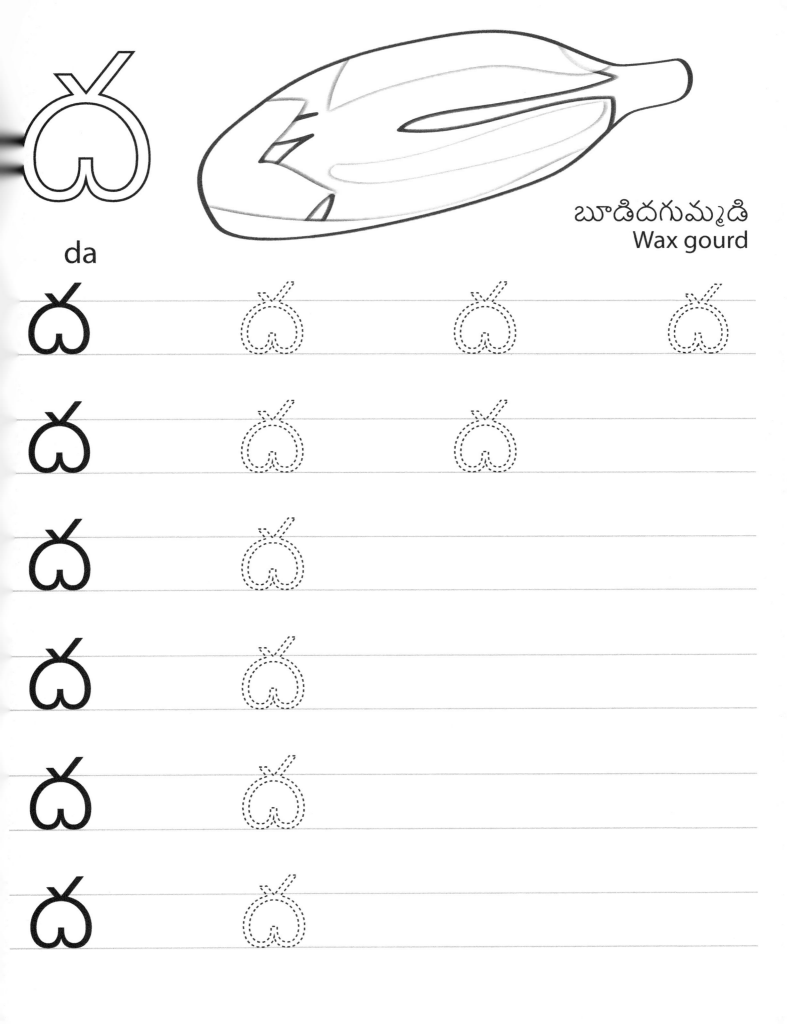

డ

da

బూడిదగుమ్మడి
Wax gourd

డ

డ

డ

డ

డ

డ

ద

ద

ద

ద

ద

ద

ద

ద

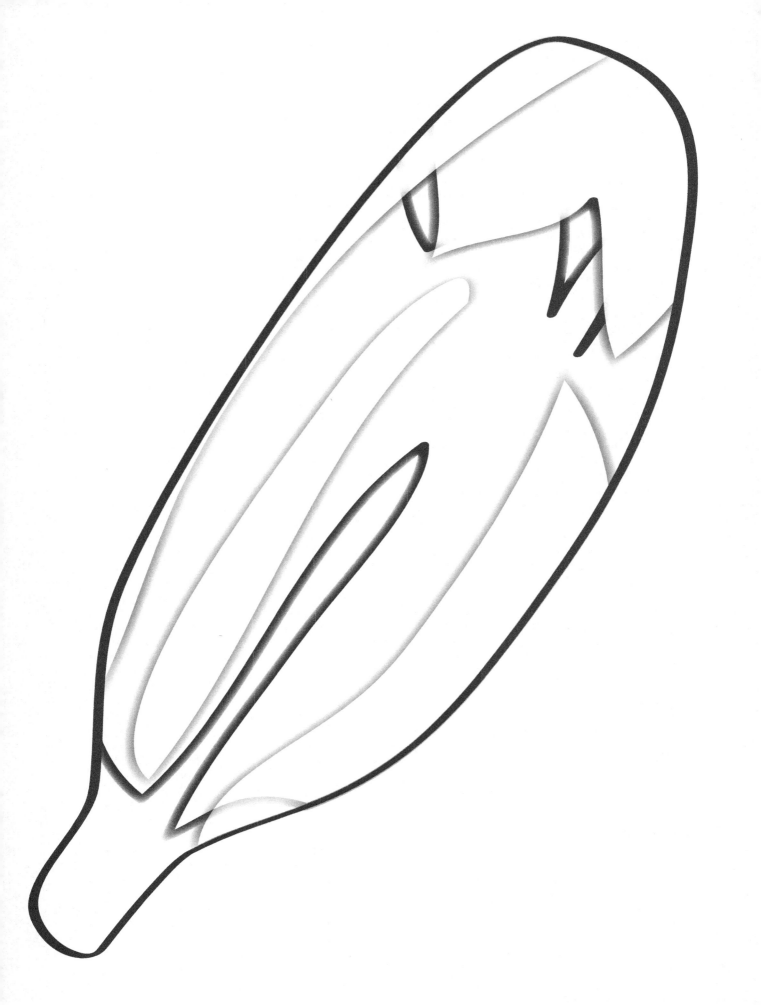

ధ

dha

ధనుస్సు
Sagittarius

ధ ధ ధ ధ

ధ ధ ధ

ధ ధ

ధ ధ

ధ ధ

ధ ధ

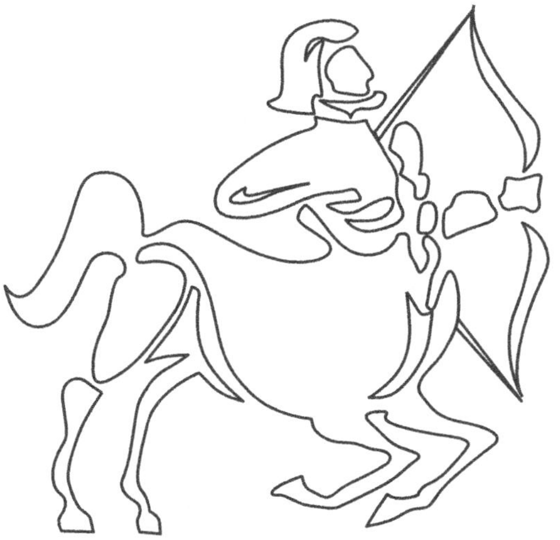

న

na

పనస
Breadfruit

న న న న

న న న

న న

న న

న న

న న

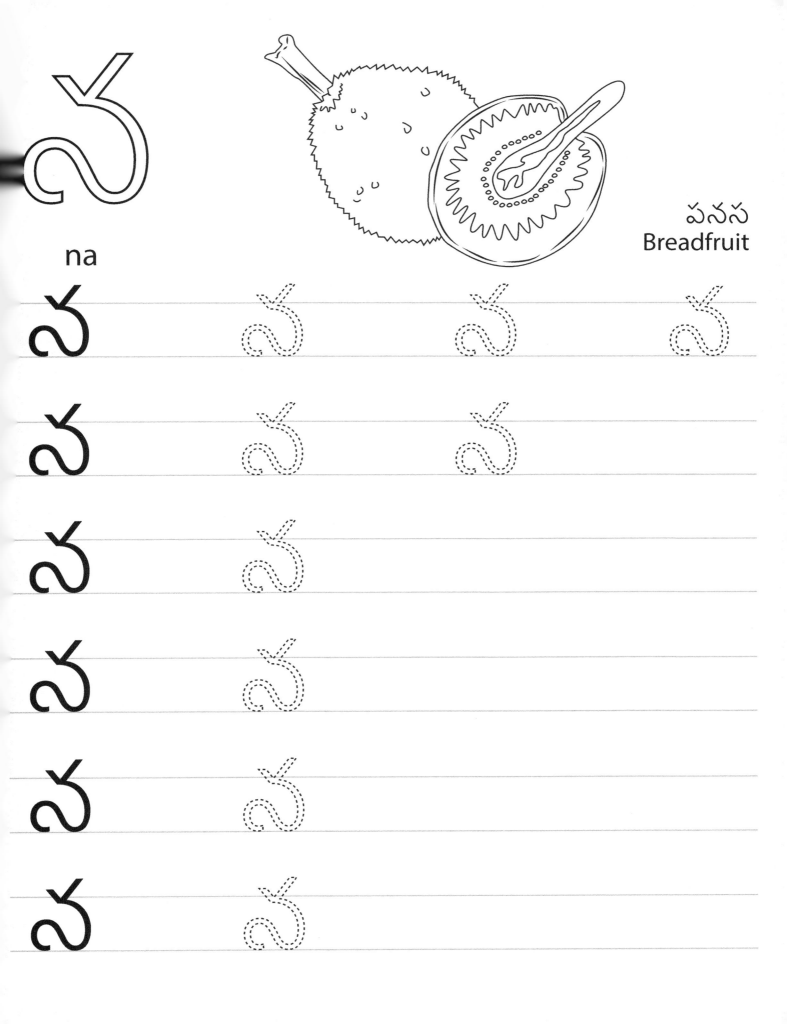

ఒ

ఒ

ఒ

ఒ

ఒ

ఒ

ఒ

ఒ

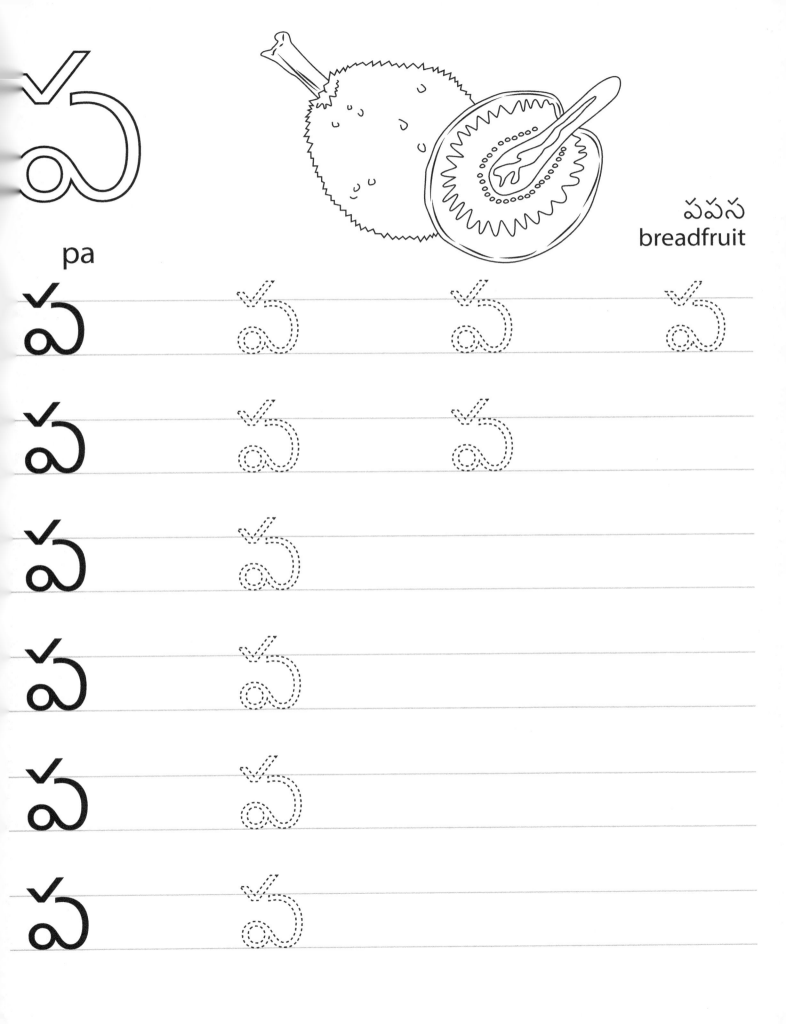

ప

pa

పనస
breadfruit

ప ప ప ప

ప ప ప

ప ప

ప ప

ప ప

ప ప

చ

చ

చ

చ

చ

చ

చ

చ

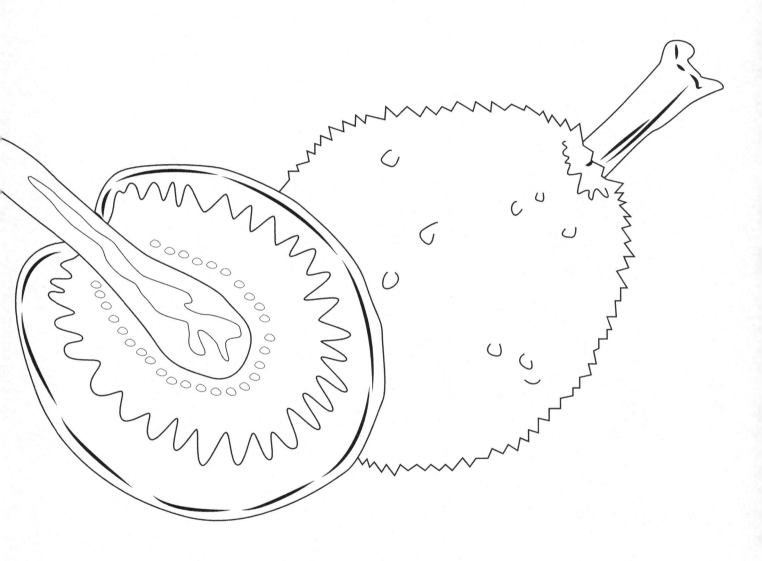

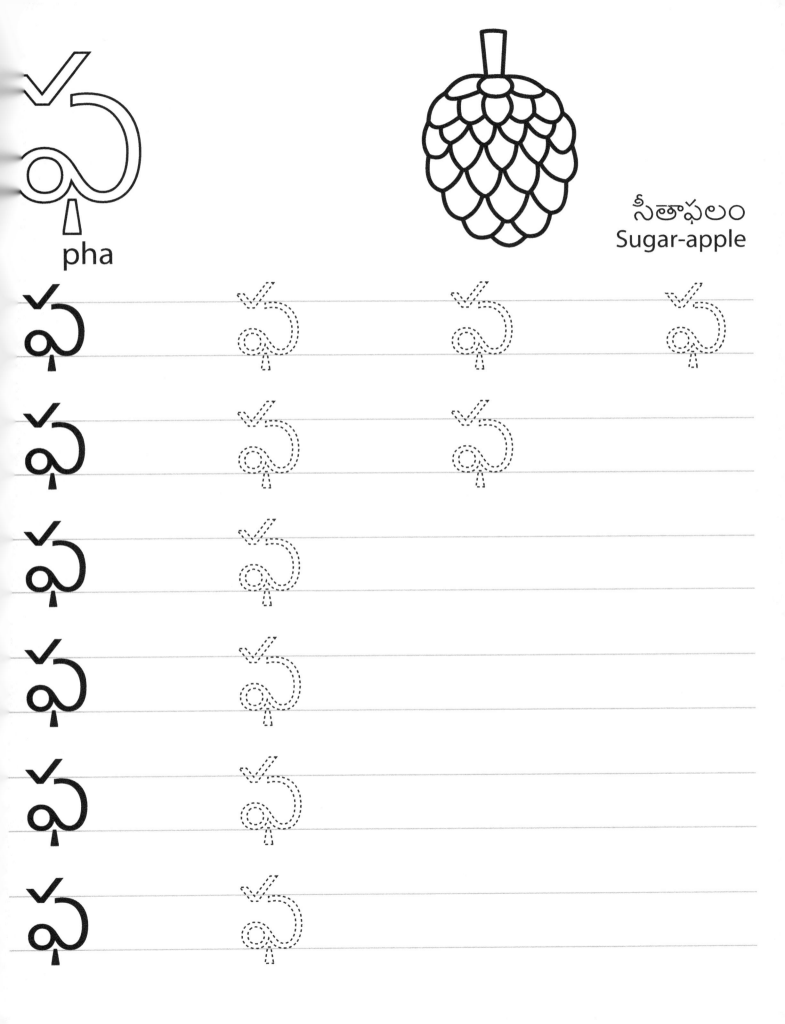

ఫ

pha

సీతాఫలం
Sugar-apple

ఫ ఫ ఫ ఫ

ఫ ఫ ఫ

ఫ ఫ

ఫ ఫ

ఫ ఫ

ఫ ఫ

ఫ

ఫ

ఫ

ఫ

ఫ

ఫ

ఫ

ఫ

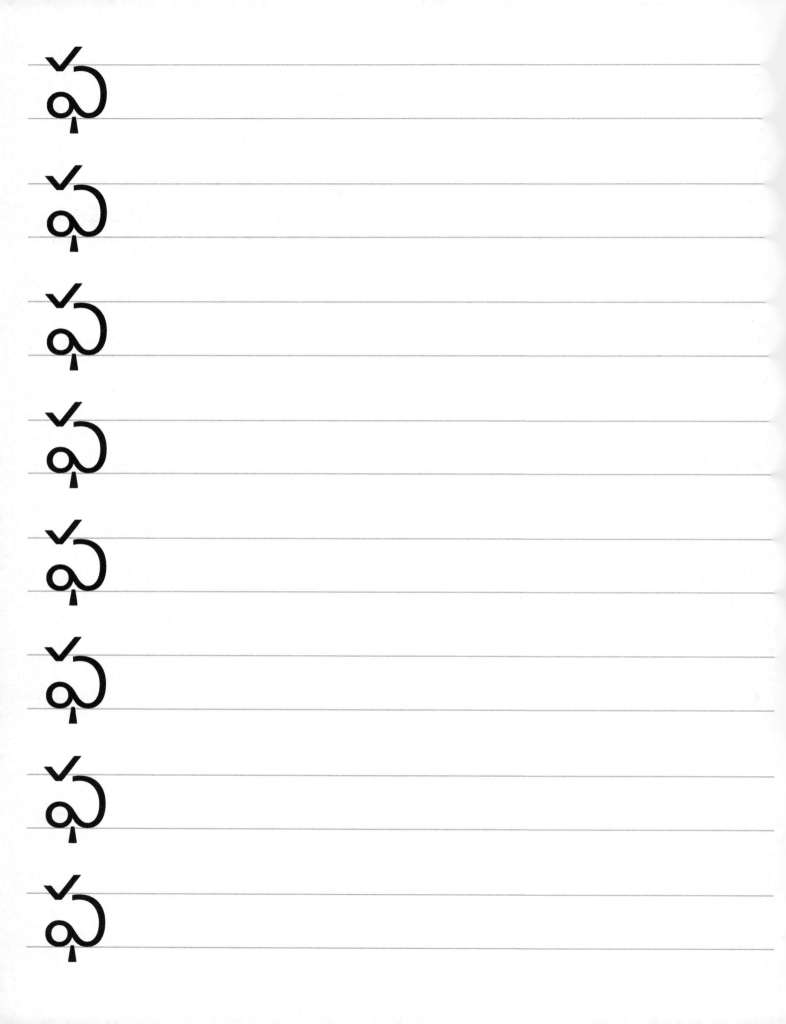

బ

ba

బటానీలు
Peas

బ	బ	బ	బ
బ	బ	బ	
బ	బ		
బ	బ		
బ	బ		
బ	బ		

ಬ

ಬ

ಬ

ಬ

ಬ

ಬ

ಬ

ಬ

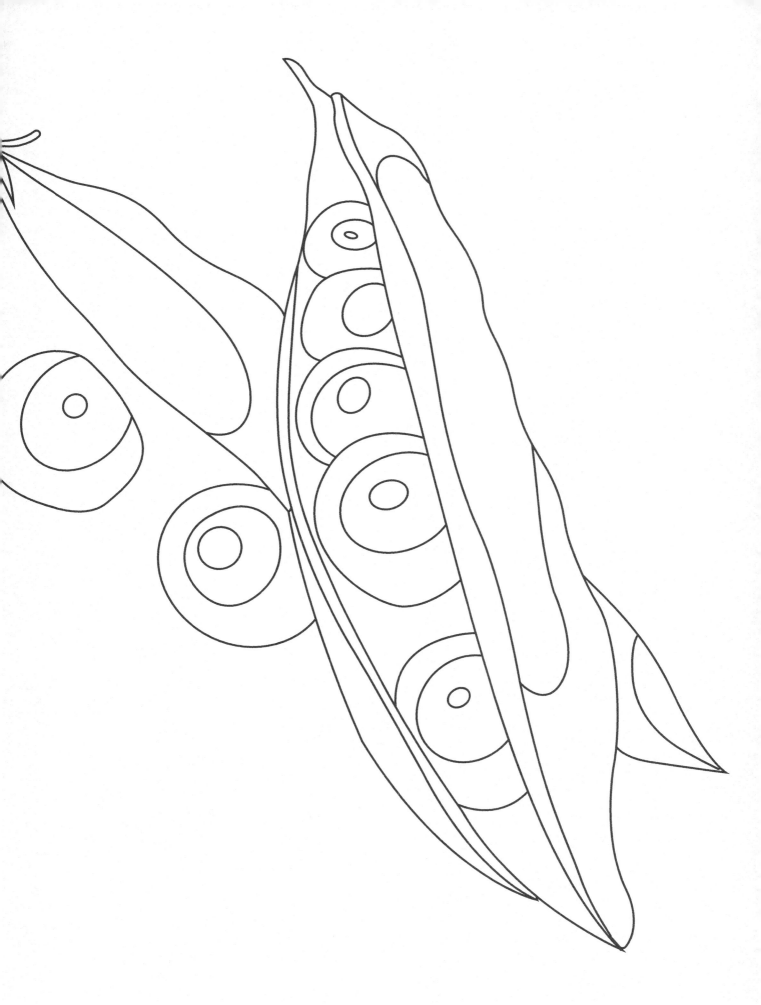

భ

bha

భరత పక్షి
Bharata bird

భ భ భ భ

భ భ భ

భ భ

భ భ

భ భ

భ భ

భ

భ

భ

భ

భ

భ

భ

భ

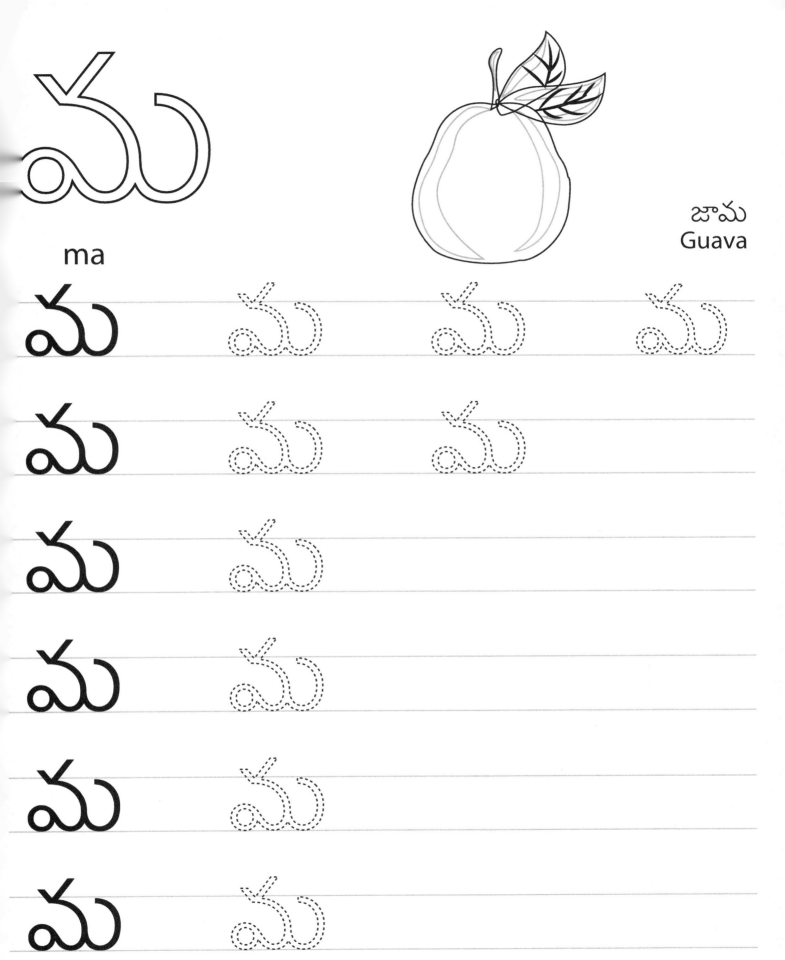

మ

ma

జామ
Guava

మ మ మ మ

మ మ మ

మ మ

మ మ

మ మ

మ మ

మ

మ

మ

మ

మ

మ

మ

మ

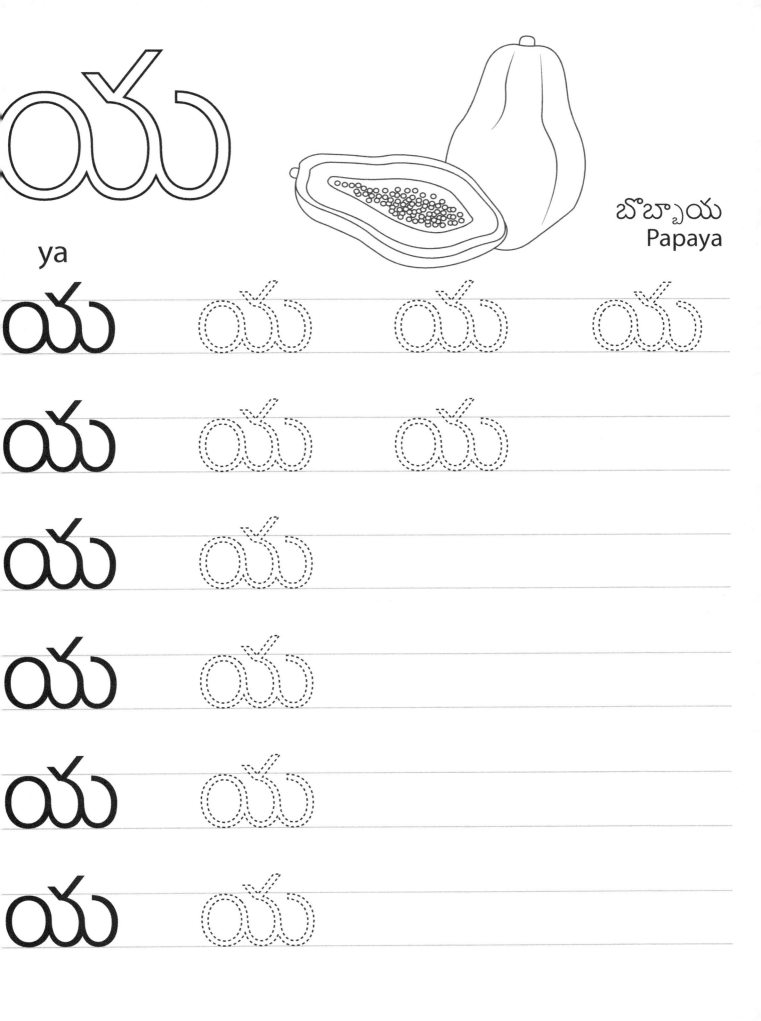

య

ya

బొబ్బాయ
Papaya

య య య య

య య య

య య

య య

య య

య య

య య

య

య

య

య

య

య

య

య

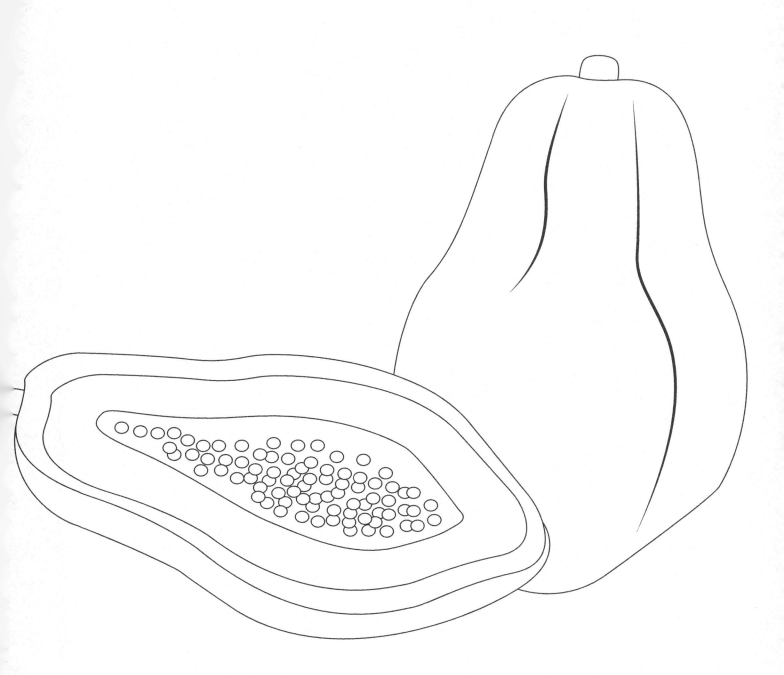

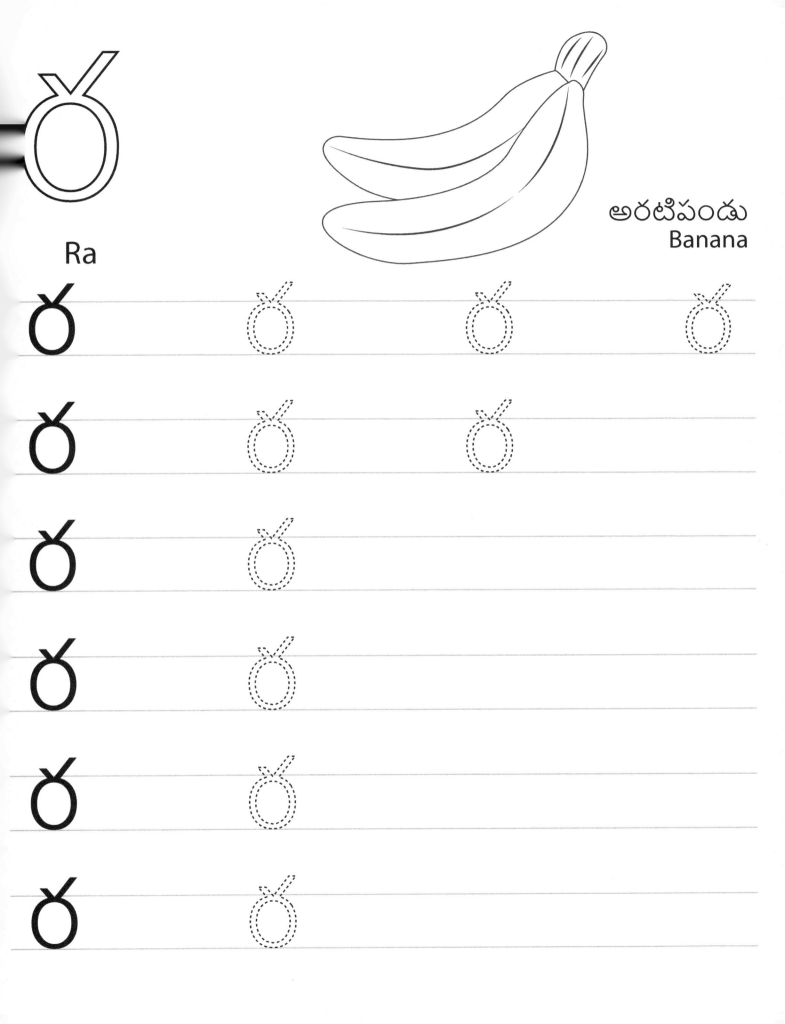

ర

Ra

అరటిపండు
Banana

ర ర ర ర

ర ర ర

ర ర

ర ర

ర ర

ర ర

ǒ

ǒ

ǒ

ǒ

ǒ

ǒ

ǒ

ǒ

ల

la

సీతాఫలం
Sugar-apple

ల ల ల ల

ల ల ల

ల ల

ల ల

ల ల

ల ల

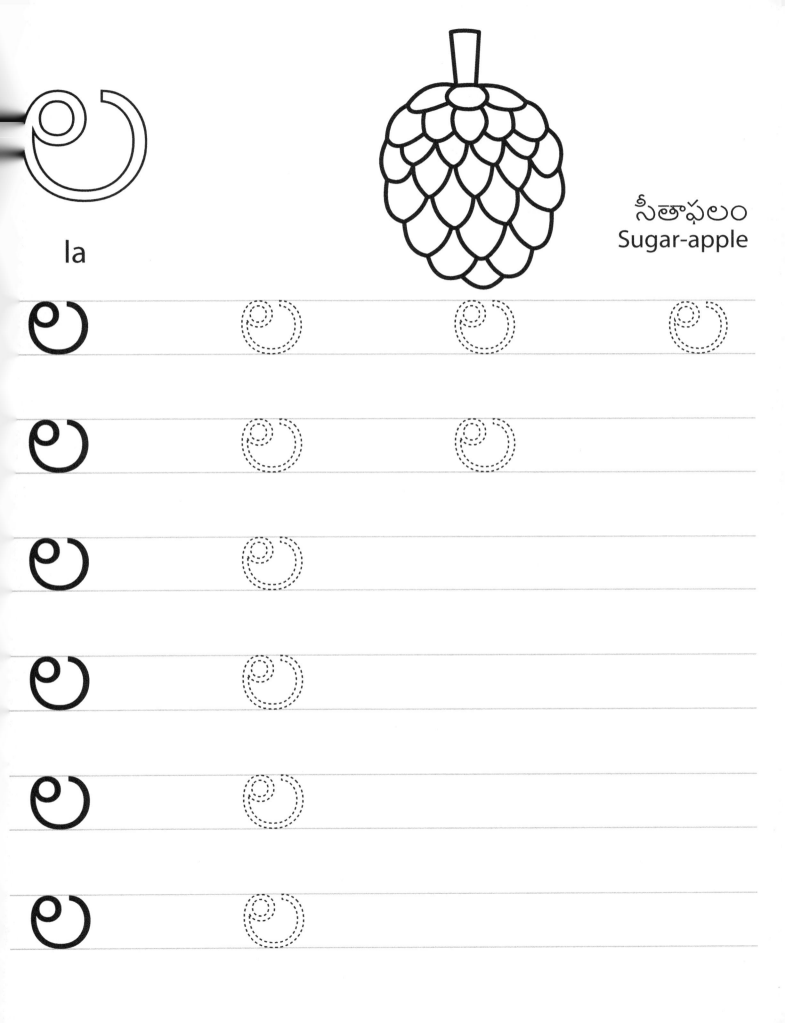

ල

ල

ල

ල

ල

ල

ල

ල

వ

va

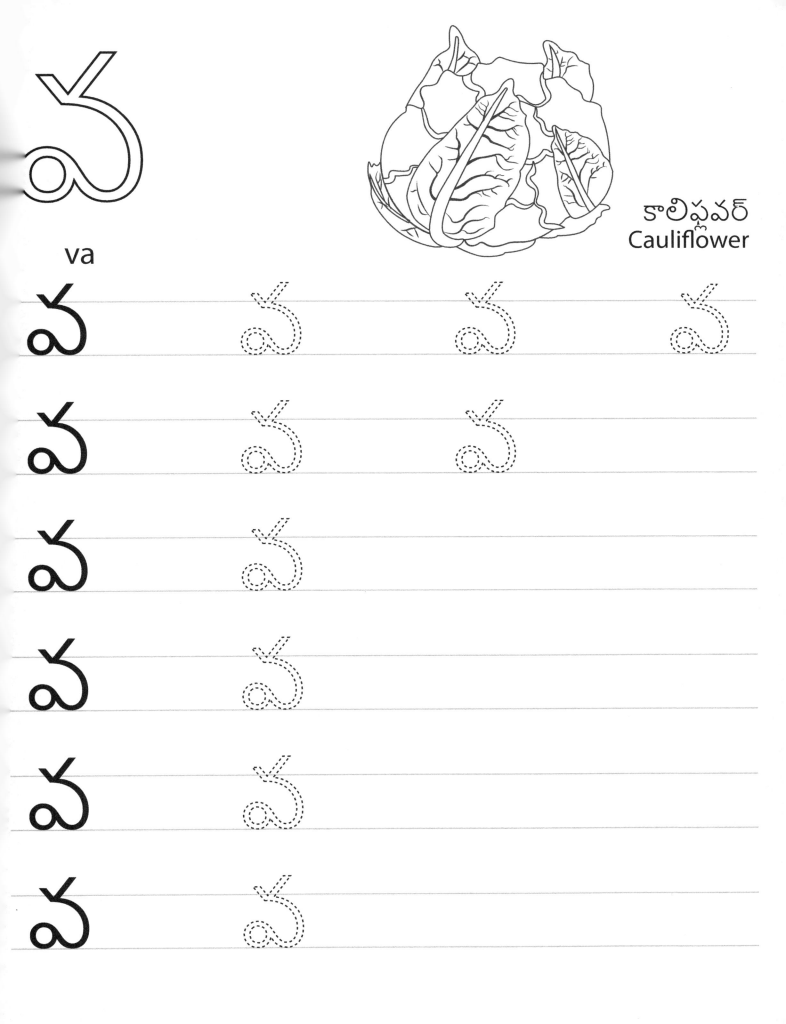

కాలిఫ్లవర్
Cauliflower

వ వ వ వ

వ వ వ

వ వ

వ వ

వ వ

వ వ

వ

వ

వ

వ

వ

వ

వ

వ

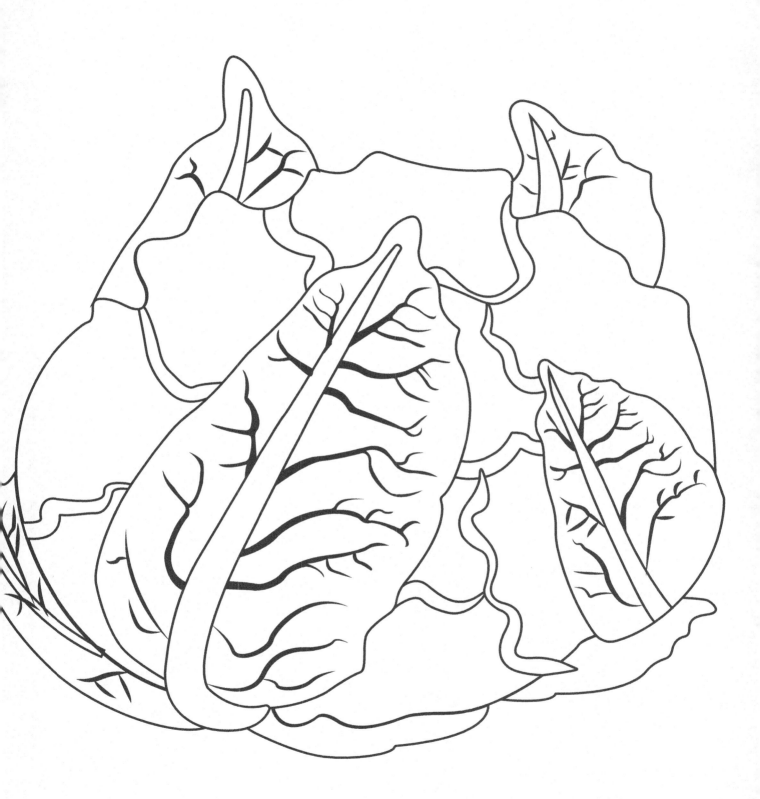

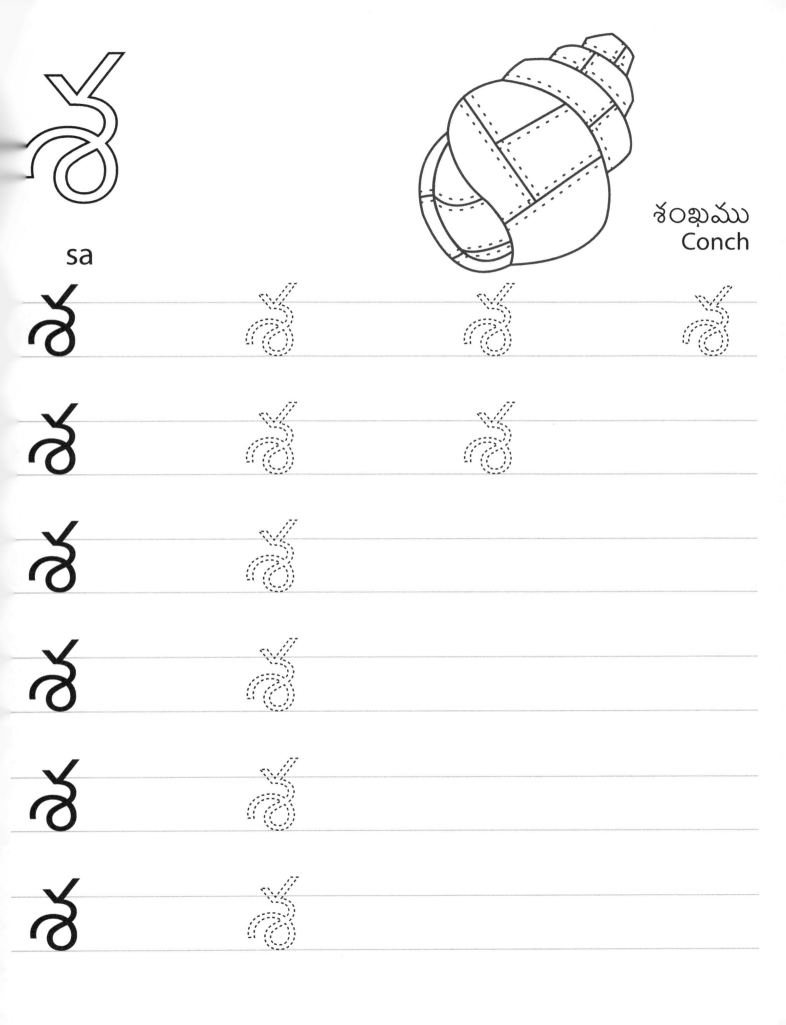

శ

sa

శంఖము
Conch

శ శ శ శ

శ శ శ

శ శ

శ శ

శ శ

శ శ

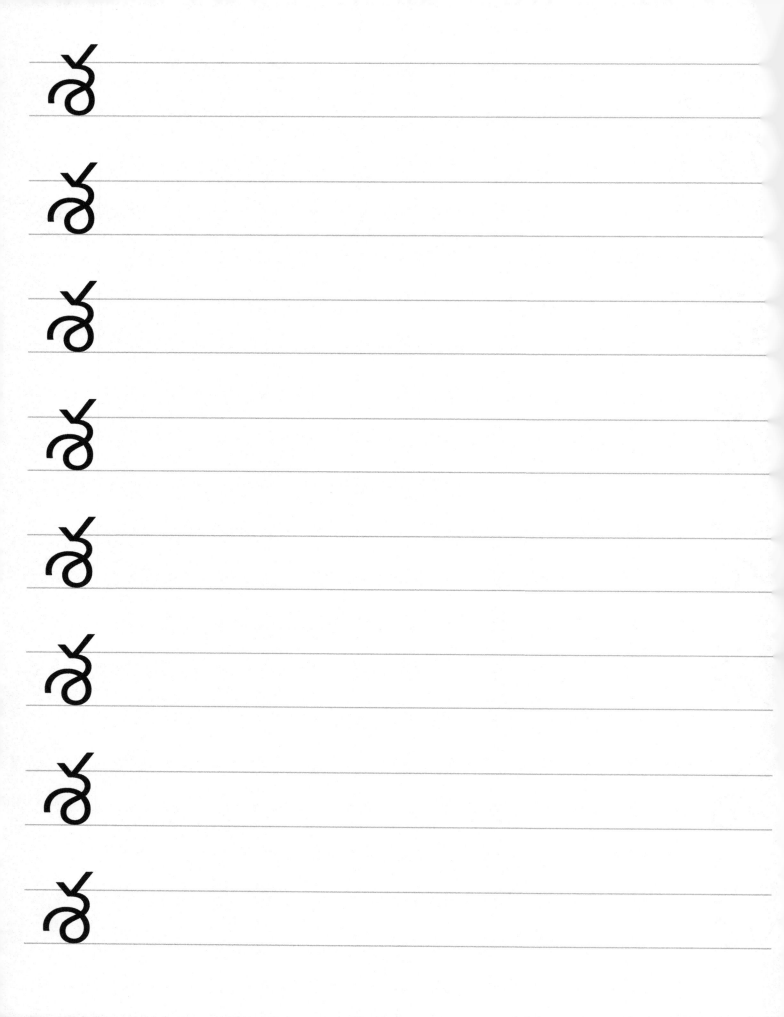

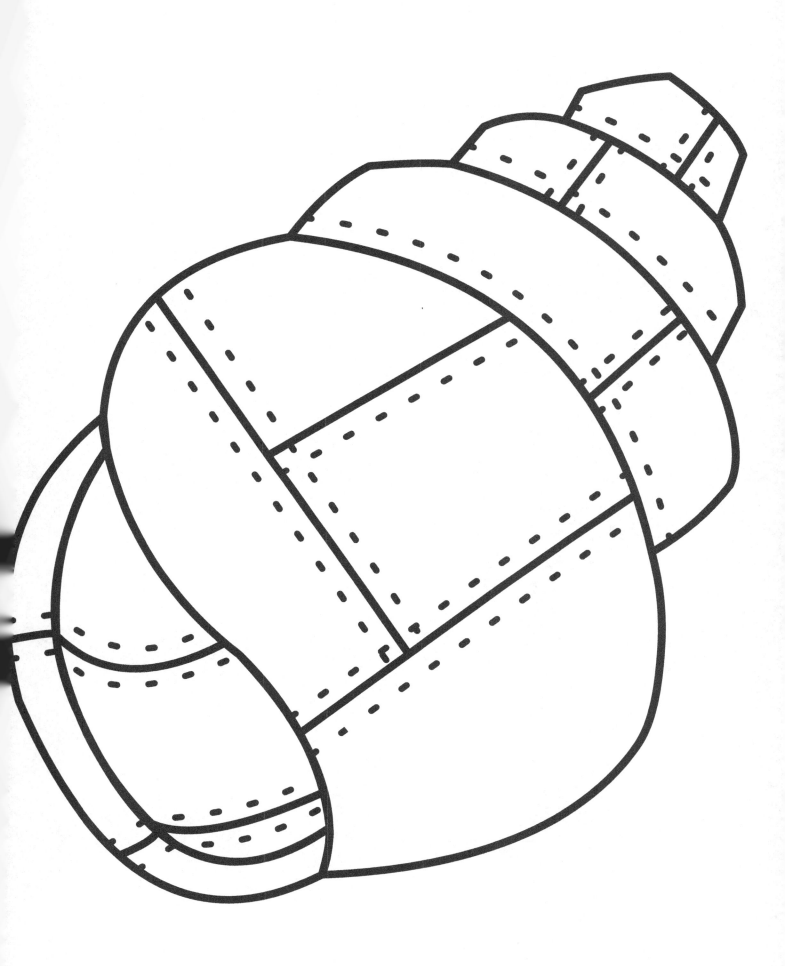

ష

Sa

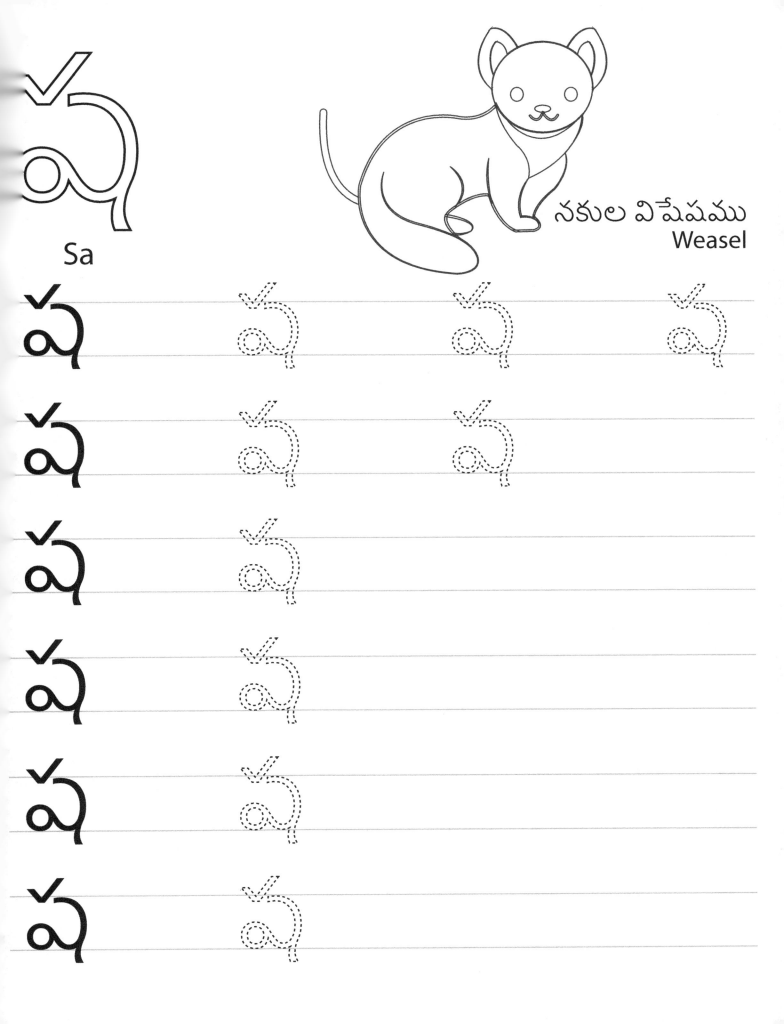

నకుల విషేషము
Weasel

ష ష ష ష

ష ష ష

ష ష

ష ష

ష ష

ష ష

ಖ

ಖ

ಖ

ಖ

ಖ

ಖ

ಖ

ಖ

ష

sha

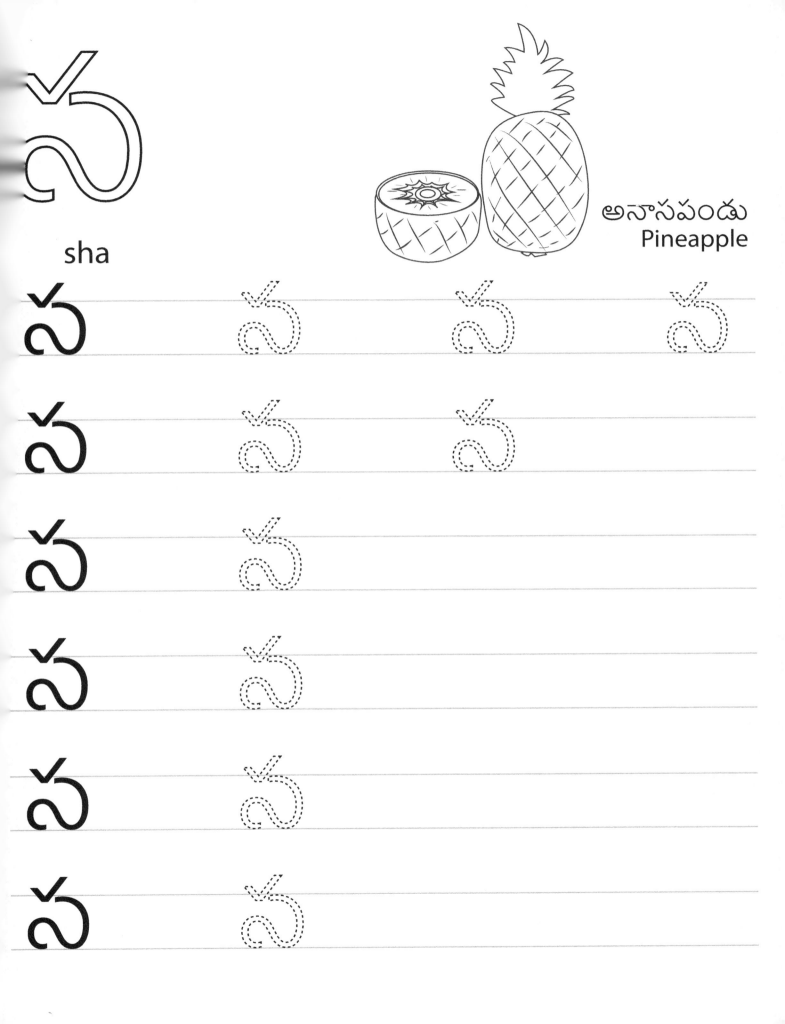

అనాసపండు
Pineapple

ష ష ష ష

ష ష ష

ష ష

ష ష

ష ష

ష ష

చ

చ

చ

చ

చ

చ

చ

చ

హ

ha

సింహము
Lion

హ హ హ హ

హ హ హ

హ హ

హ హ

హ హ

హ హ

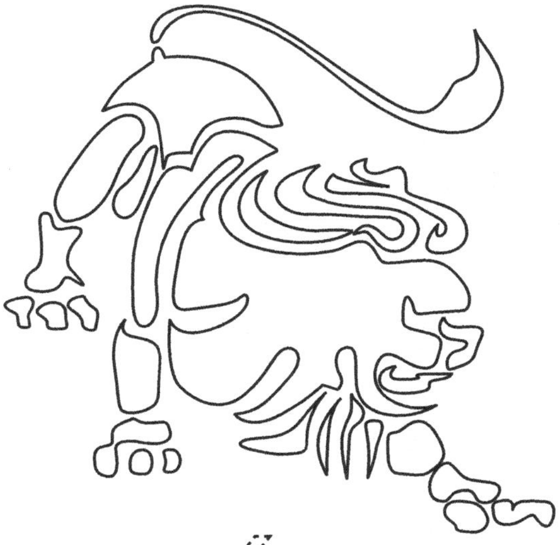

హా

హా

హా

హా

హా

హా

హా

హా

ళ

La

తాళం
Lock

ళ ళ ళ ళ

ళ ళ ళ

ళ ళ

ళ ళ

ళ ళ

ళ ళ

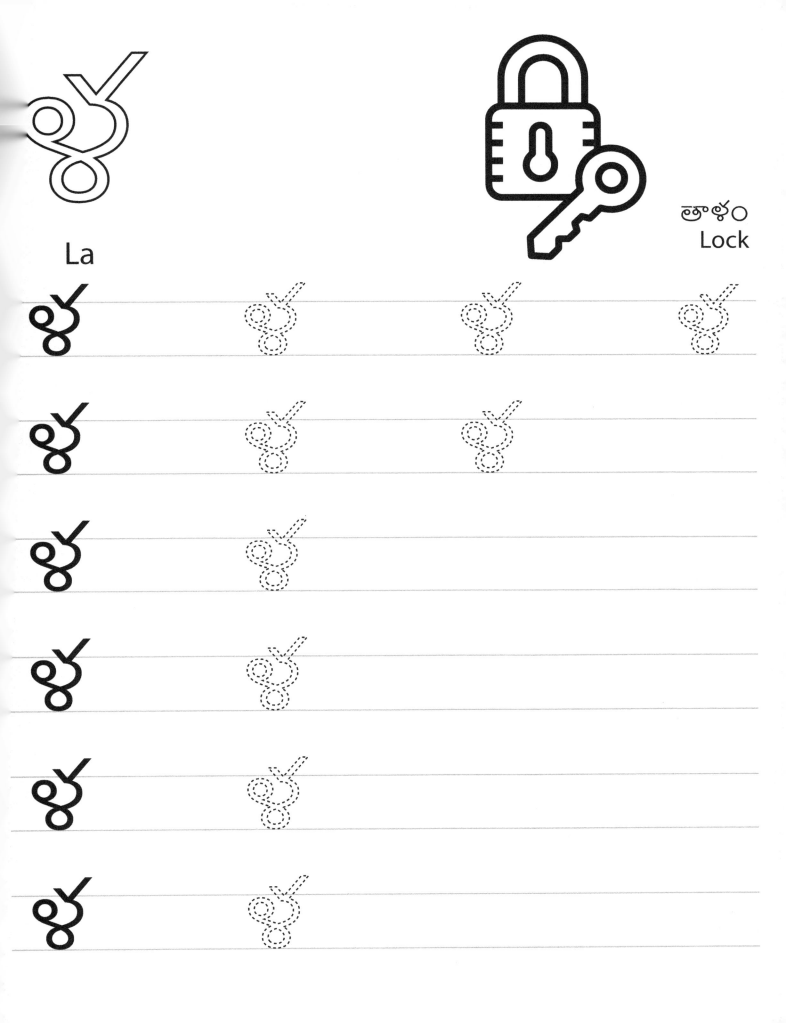

క్ష

ksha

ద్రాక్ష
Grapes

క్ష క్ష క్ష క్ష

క్ష క్ష క్ష

క్ష క్ష

క్ష క్ష

క్ష క్ష

క్ష క్ష

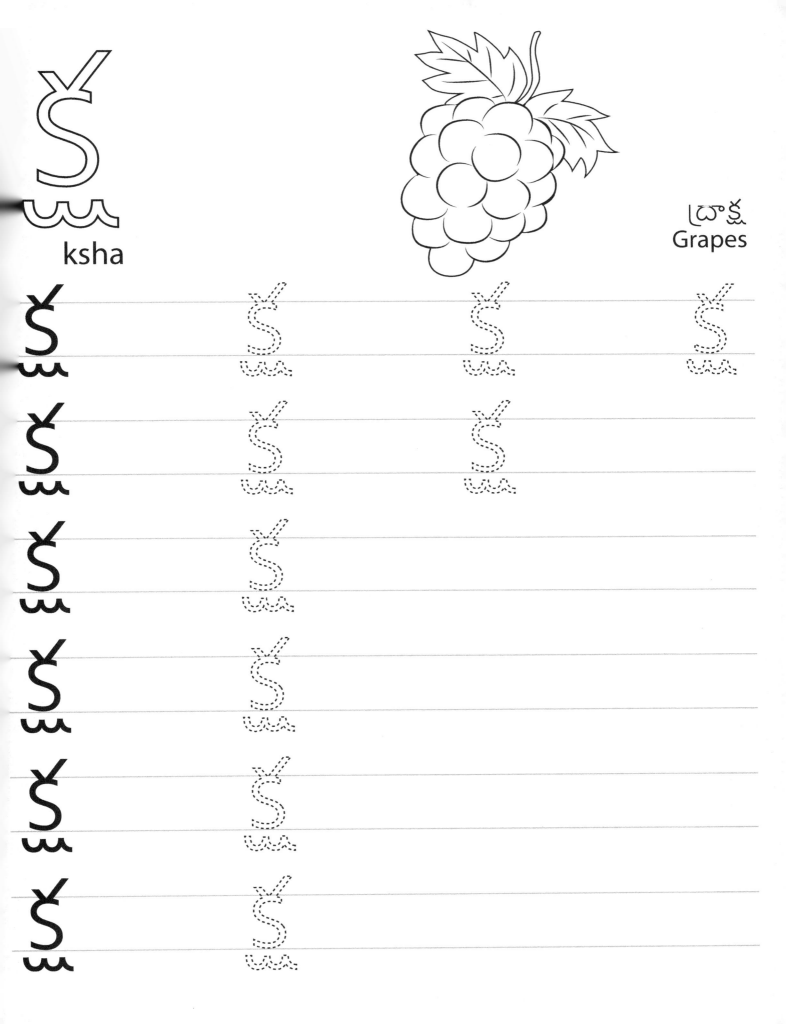

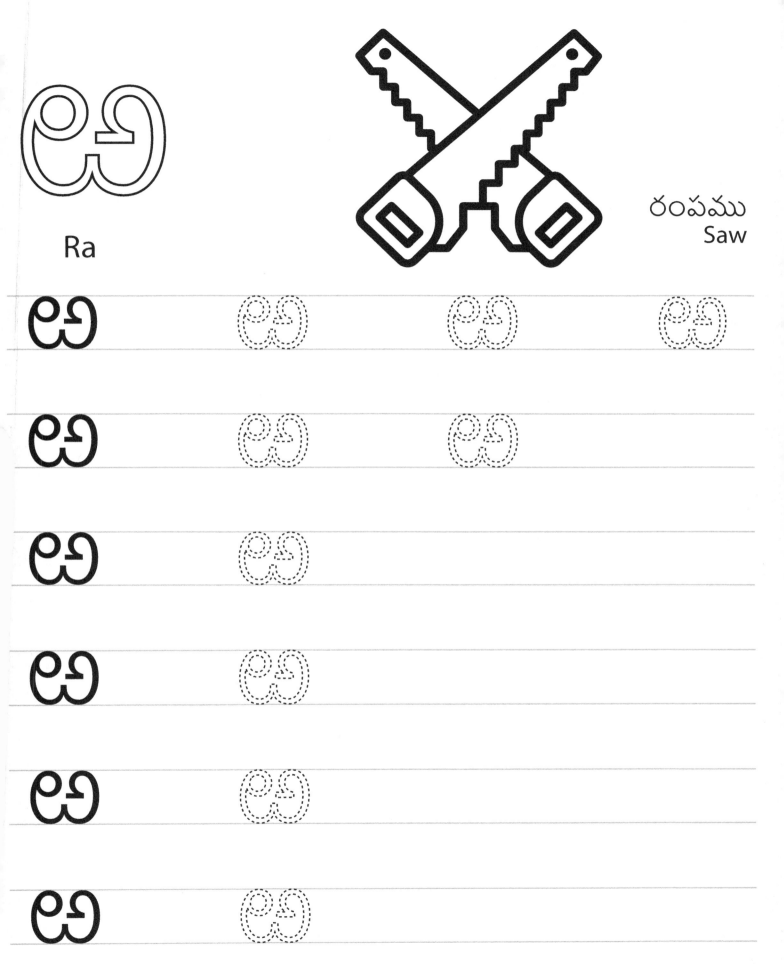

ఱ

Ra

రంపము
Saw

ఱ ఱ ఱ ఱ

ఱ ఱ ఱ

ఱ ఱ

ఱ ఱ

ఱ ఱ

ఱ ఱ

ಅ

ಅ

ಅ

ಅ

ಅ

ಅ

ಅ

ಅ